教育部人文社会科学研究青年基金项目"公共价值目标下农民专业合作社的公共服务效率研究"［12YJCZH269］最终成果

杭州市哲学社会科学重点研究基地"杭州师范大学社会建设和社会治理研究中心"重点项目"农民专业合作社的公共服务效率研究——基于浙江的实证调查"［2014JD33］主要成果

感谢杭州师范大学人文社会科学振兴计划之社会学平台建设项目提供出版资助

社 会 学 丛 书

农民专业合作社的公共服务效率研究

基于浙江省的调查

张超　著

中国社会科学出版社

图书在版编目(CIP)数据

农民专业合作社的公共服务效率研究：基于浙江省的调查 / 张超著.
—北京：中国社会科学出版社，2017.4
ISBN 978-7-5161-9935-0

Ⅰ.①农… Ⅱ.①张… Ⅲ.①农业合作社—专业合作社—
公共服务—研究—中国 Ⅳ.①F321.42

中国版本图书馆 CIP 数据核字（2017）第 042081 号

出 版 人	赵剑英	
责任编辑	冯春凤	
责任校对	张爱华	
责任印制	张雪娇	

出　　版	中国社会科学出版社	
社　　址	北京鼓楼西大街甲 158 号	
邮　　编	100720	
网　　址	http://www.csspw.cn	
发 行 部	010－84083685	
门 市 部	010－84029450	
经　　销	新华书店及其他书店	

印　　刷	北京君升印刷有限公司	
装　　订	廊坊市广阳区广增装订厂	
版　　次	2017 年 4 月第 1 版	
印　　次	2017 年 4 月第 1 次印刷	

开　　本	710×1000	1/16	
印　　张	14		
插　　页	2		
字　　数	201 千字		
定　　价	68.00 元		

目　录

摘　要

　　改革 30 多年以来，虽然中央"三农"政策历经调整，但稳定和完善"以家庭承包经营为基础、统分结合"的双重经营体制一直是农村经济体制改革的主旋律。现阶段"三农"政策的重点是为"精耕细作"的小农户家庭经营提供社会化服务，以加强双重经营体制"统"层次的功能。农民专业合作社作为以农民社员为主体、以服务社员为宗旨的具有企业和共同体双重属性的特殊组织，具有扎根农村基层、熟悉农民偏好、降低交易成本等多重优势，是为小农户家庭经营提供系列社会化服务的重要经营主体，其在新一轮农村改革中的地位和功能值得重点研究。同时，随着"建立健全基本公共服务体系，推进基本公共服务均等化"的战略目标进入"十二五"规划纲要，如何构建包括合作社在内的农村公共服务多主体供给机制成为学界关注的焦点。在此背景下，开展合作社服务功能和服务效率的研究具有重要的理论和实践意义。

　　然而，中国农民专业合作社虽然数量增长迅猛，但发展质量堪忧，合作社治理乱象杂呈：为获取各种政策收益，不具备经营实体的"空壳合作社"和"翻牌合作社"轮番登场，农户"被社员"的现象屡见不鲜；在合作社治理格局中，"精英俘获""大股独大"和"大农吃小农"等现象长期存在。合作社发展中存在的诸多问题使其尚不能有效扮演连接小农户和大市场的"农民代言人"角色。关于合作社发展的相关争论都指向同一个问题：合作社如何为农户提供优质高效的服务？

针对上述问题，本研究从合作社公共服务的基础理论出发，围绕合作社公共服务效率内涵的分解和重构展开论述，从区域合作社总体层面的工具效率、典型合作社社员层面的价值效率和典型合作社组织层面的综合效率对合作社公共服务效率进行逐层分析。

针对区域合作社总体层面的工具效率的研究结果表明：

区域合作社公共服务效率评价指标体系可通过管理服务、经营服务和示范服务三方面指标来建构，此评价体系可作为评估合作社示范区发展水平的重要参照标准。浙江省合作社区域公共服务效率水平总体偏低，且区域之间发展不平衡、差异较大，尚有较大提升空间；区域合作社的公共服务效率水平与区域经济发展水平之间无显著相关关系，说明浙江合作社发展尚处于初级阶段。

针对典型合作社社员层面的价值效率的研究结果表明：

第一，合作社公共服务的供需结构失衡，但中小社员对其总体满意率较高，反映出合作社处于初始发展阶段的典型特征：多数兼业小农总体上对合作社公共服务的依赖程度较低，对合作社的参与表现为有限的管理参与和低度的利益卷入。

第二，由政府部门主导发起的合作社，其公共服务效率较高；服务多样化程度、财务公开、经营管理、民主参与和培训次数等直接服务过程因素对于合作社公共服务效率具有关键性的正向影响。增强农户间信任和促进政府与农户间的沟通等社会服务功能比增加收入和提高产业规模等经济服务功能具有更高的效率。因此，应发挥政府部门发起的合作社的示范作用，保持合作社公共服务过程对中小社员的开放性；在合作社对中小社员的经济功能受限的条件下，在引导合作社发展过程中，现阶段尤其要关注合作社对中小社员社会需求的回应能力和社会整合功能。

针对典型合作社组织层面的综合效率的研究结果表明：

首先，可从经营管理、社员服务、社区服务和社会影响四方面构建个体合作社公共服务的"综合效率"评价指标体系。浙江省合作社公共服务的总体效率水平较低，但并非示范社等级越高则效率水平越高，省级示范社和区级示范社在公共服务的"子效率"方面各有所长：省级示范社的"外部效率"较高，而区级示范社的"价值效率"较高。

其次，从合作社公共服务效率的影响因素看，与"小农发起"的合作社相比，"政府部门发起"和"村干部发起"的合作社，其公共服务效率水平要低；与参与决策和参加培训等其他参与方式相比，社员监督对于合作社公共服务效率具有更直接的积极促进作用；"产品认证""示范等级""社员满意"和"政府扶持"等服务环境因素均对合作社效率有显著的正向影响。

再次，政府扶持更多地促进了合作社公共服务的外部效率和工具效率，而对其内部效率和价值效率的影响不明显。或者可以说，政府扶持对于合作社发展的推动效应主要体现在外部市场层面的经济效应，对于内部社员层面的社会效应则表现不明显。

最后，针对以上分析，本研究提出如下对策建议：

第一，政府充分发挥在合作社正式制度供给方面的主导作用，一方面，通过法律和政策手段赋予合作社在"三农"领域中更高的战略地位；另一方面，扮演好公共服务规划者和"守门人"的角色，为合作社和涉农企业、社会组织等其他相关利益主体的市场竞争和合作创造良好的经济社会环境。

第二，政府现阶段的合作社政策导向应是依托农民发展带动农业发展，重视价值效率、促进效率的工具目标和价值目标的整合。应做好合作社农民社员的赋权和维权工作，出台措施促进农民社员培训和教育的制度化建设，以农民发展为本，为合作社持续发展打下基础；应重视大部分兼业小农的服务需求，将相关"社员评价"指标纳入当前的示范社评价指标体系之中，重点扶持贴近中小社员服务需求、具有较强的公共价值创造能力的合作社，同时对下乡逐利的部门利益和资本利益进行必要规约。

第三，由中央政府主导开展合作社联合社和区域综合性合作社的改革试点工作，并高度重视合作社在服务中小社员方面的社会整合功能。在合作社相关政策的制定和完善中，注意引导、扶持和培育合作社在为原子化的小农重构乡村公共空间、强化国家和小农之间的沟通"枢纽"等方面发挥更积极的作用。

第四，针对中国合作社特殊的"双重多层委托—代理关系"，以正式制度为主、以非正式制度为辅的方式建立合作社公共服务效率优化的多元激励策略，具体包括：政府主导基础上的规制激励；中小社员赋权基础上的"问责"激励；合作社自治基础上的"声誉"激励；多主体协作基础上的长期契约激励。

第五，在合作社政策制定过程中关注合作社公共服务效率的区域性特征，充分考虑各地区在合作社发展基础、农业产业集群和区域社会文化环境等方面的差异及不平衡，政策推行不搞"一刀切"，在中央合作社政策和区域合作社政策之间寻找政策实施的平衡点。同时，重视各地文化、习俗、习惯等非正式规范在合作社治理中的积极作用，在政府的合作社规制建设过程中注意结合当地非正式规范中积极合理的因素。

本文主张将合作社效率视为合作社公共服务效率，借以拓展合作社效率研究视角。在借鉴以往研究成果基础上，本文从以下几个方面进行了创新性探索：

第一，研究视角的延伸。针对以往农民专业合作社效率研究中"重经营、轻服务"的倾向，从俱乐部产品理论视角专题研究合作社的"公共服务效率"，一定程度上丰富了合作社效率的研究视角。以往研究大多关注合作社作为一个经营实体的盈利性特征，因此重点研究其工具主义层面的工具效率；本研究强调合作社是一种以"服务社员"为宗旨的俱乐部组织，兼具企业和共同体双重组织特性，其所有的经营活动都是为了让社员享受优质高效的公共服务，因此应重点研究合作社的"公共服务效率"。

第二，研究概念的拓展。将经济学的"效率"概念与管理学的"效率"概念结合起来，提出合作社公共服务"综合效率"的概念，将综合效率从效率的目标取向角度分解为"工具效率"和

"价值效率"，从效率的影响范围角度分解为"内部效率"和"外部效率"；并首次根据区域视角、社员视角和组织视角三个视角，分别从区域合作社总体层面的工具效率、典型合作社社员层面的价值效率和典型合作社组织层面的综合效率三个角度考察合作社公共服务效率的不同层次和面相。

第三，研究结论的验证。论文结论在一定程度上证实了温铁军、贺雪峰等学者的理论判断，即在小农普遍兼业化的情况下，通过合作社增收等经济方面的需要往往对于小农而言不那么重要，小农的生存方式、文化伦理决定了其还有通过合作社重建村庄的公共秩序、承接自上而下的转移资源以及通过与村庄内的社员交往维系社会联系、获得生活意义的需要。研究发现：从中小社员角度看，合作社在增强农户间信任和促进政府与农户间的沟通等方面的社会服务功能比增加收入和提高产业规模等经济服务功能具有更高的满意率。可见，对于兼业化的小农而言，与经济服务功能相比，他们更关注的是合作社作为一个基层组织的社会整合功能。

第四，研究内容的创新。论文通过对合作社公共服务综合效率的分解比较得出了一个新的结论：政府扶持更多地促进了合作社公共服务的外部效率和工具效率，而对其内部效率和价值效率的影响不明显。换句话说，政府扶持对于合作社发展的推动效应主要体现在外部市场层面的经济效应，对于内部社员层面的社会效应则表现不明显。此结论对于现阶段进一步反思合作社政策、重新认识政府部门在合作社发展过程中的角色和作用具有十分重要的启发意义。

关键词：农民专业合作社；公共服务；工具效率；价值效率；俱乐部产品；委托代理

Abstract

Since reforms in 1978, the central government's rural policies experience adjustments many times, but stabilizing and improving the double management system has been always the theme of rural economic system reform. The key point of rural policies at present is to provide socialized services for the household production of small – scale peasants, so as to strengthen the "integrating" function of the double management system. Peasants' professional cooperatives are the special organizations both are enterprises and communities, which see the peasants as main body, and servicing members as the purpose, have many advantages such as being from rural grassroots, familiar with peasants' preferences, and reducing transaction costs. Therefore, the cooperatives would be the important operators to provide series of socialized services to small – scale peasants, we should focus on their positions and functions in the new round rural reform. At the same time, along with the strategic objectives of "establishing and perfecting the basic public services system, to promote equal basic public services" have been written into the 12th five – year plan, how to build rural public services multivariate supply mechanism including cooperatives, become the focus of the academic circles. Under this background, to research the services function and efficiency of cooperatives has important theoretical and practical significances.

However, although cooperatives' quantities are growing rapidly in China, but which quality has a concern, and cooperatives' governance has a variety of chaos: in order to obtain all kinds of policies benefits, many false cooperatives which have no business entity take turns to play, a few members control cooperative, big - scale peasants " eating " small - scale peasants, such phenomenon exist for a long time. Many problems make cooperatives can't play the role of peasants' spokesman effectively to connect the small - scale peasants and the big market. Relevant debates about cooperatives point to a same question: how cooperatives provide superior and efficient services for peasants?

According to the above problems, based on the basic theories of public services, the paper discusses the decomposition of efficiency, and analysis public services efficiency of cooperatives layer by layer from regional perspective, membership perspective and organizational perspective.

From the tool efficiency of regional perspective, the results show that:

Regional cooperatives evaluation index system of public services efficiency can be constructed through three aspects indicators, including management services, business services and demonstration services. This evaluation system can be used as important reference standard to assess development level of cooperatives' demonstration area. Regional overall level of cooperatives' public service efficiency in Zhejiang province is low, and unbalanced, which has large room to improve. Regional cooperatives' public services efficiency level has no significant relationship with the regional economic development level.

From the value efficiency of membership perspective, the results show that:

First, cooperatives' public services show the structural imbalance

between supply and demand, however, the overall satisfaction is higher
to small and medium – sized members, the results reflect the typical fea-
tures of cooperatives in the initial stage of development: most part – time
small – scale peasants have low dependence degree to cooperatives' pub-
lic service, and take limited participation to management and low inter-
ests involved to the cooperatives.

Second, the cooperatives initiated by government departments,
their public services efficiency is higher; Direct service process, inclu-
ding service diversification degree, financial openness, operation and
management, democratic participation and the training frequency,
etc., has a critical positive impact to public services efficiency of coop-
eratives. The social services functions such as enhancing trust among
peasants and promoting the communication between the government and
peasants have higher efficiency than the economic services functions such
as increasing income and improving the industrial scale. Therefore, the
cooperatives initiated by government departments should play the role of
demonstration, and the cooperatives' public services process should been
keep open to small and medium – sized memberships; cooperatives'
function of social integration for small and medium – sized memberships
should been pay more attention.

From the comprehensive efficiency of organizational perspective,
the results show that:

First, individual cooperative evaluation index system of public serv-
ices efficiency can be constructed through four aspects indicators, inclu-
ding operation and management, membership services, community
services and social impact. Cooperatives in Zhejiang province showed
lower overall levels of public services efficiency, the results have not
confirmed that the higher the grade, the higher the efficiency.
Provincial – level demonstration cooperatives have higher external effi-

ciency, while county – level demonstration cooperatives have higher value efficiency.

Second, from the effect factors of public services efficiency of cooperatives, the cooperatives initiated by government departments and village cadres, which public services efficiency is lower than the cooperatives initiated by small – scale peasants. "Membership supervision" has more direct positive effect to public services efficiency of cooperatives. "Product certification", "demonstration level", "member satisfaction" and "government support" such environmental factors have significant positive effects on cooperatives' efficiency.

Third, the government's support promote more to the public services external efficiency and tool efficiency of cooperatives, but less to the public services internal efficiency and value efficiency of cooperatives. In other words, the government's support effects mainly have been reflected in the external economic effects on market level, but not the internal social effects on membership level.

Finally, based on above analysis, the paper puts forward following countermeasures:

First, the governments should play full role in cooperatives' formal system supply. On one hand, empower cooperatives higher strategic position through legal and policy means in the field of "agriculture, rural areas and peasants"; On the other hand, play the role of planners and public services "gatekeeper", to create a good economic and social environments for cooperatives and agricultural enterprises, social organizations, and other related benefit main body to compete and cooperate in the market.

Second, the governments' policy guidance on cooperatives should be "peasants development priority in agricultural development" and "the value efficiency first, then the tool efficiency". The government should do good job on peasants members' empowerment and rights protection, take measures to promote institutional construction on peasants members' training and education, see the development of peasants as the center, so as to lay the foundation for sustainable growth of cooperatives; and the government should pay attention to services demand of most part – time small – scale peasants, put the related "membership evaluation indicators" in the current evaluation index system on demonstration cooperatives, support the cooperatives to meet services requirements of small and medium – sized membership and enhance the abilities of creating public values, while make necessary constraints on the departments' interests and capital interests in the countryside.

Third, the central government carries out the reform pilot work on cooperatives' association and regional comprehensive cooperatives, and attaches great importance to the social integration functions of cooperatives on servicing small and medium – sized membership. In the process of policies making and perfecting, the government should pay attention to guidance, support and foster cooperatives to play more active roles to reconstruct rural public space for small – scale atomized peasants and strengthen the communication link between the country and peasants.

Fourth, according to the special " double multi – layers " principal – agent relationship of China's cooperatives, the paper proposes to establish multiple incentive strategies for the optimization of cooperatives' public services efficiency by the way of formal system as dominant, informal system as supplement. , the specific measures including: the regulation incentives on the basis of government lead, the "accountability" incentives on the basis of empowerment to small and medium – sized members, the "reputation" incentives on the basis of cooperatives autonomy, the long – term contracts incentives on the basis of multi – bodies collaboration.

Fifth, in the process of formulating cooperatives policy, the government departments should focus on the regional characteristics of public services efficiency of cooperatives, give full consideration to the regional differences and imbalance on cooperatives development base, agricultural industrial cluster and social cultural environments and find a balance between the central policies and the regional policies, attention that policy implementation is not "one size fits all". At the same time, the government focus on the positive role of the informal norms such as culture, customs and habits in the cooperatives governance, pay attention to combine with the positive and reasonable factors in local informal norms in the process of regulation construction of cooperatives.

On the basis of reference to previous research, the paper conducts a creative exploration from the following several aspects:

First of all, the past research of cooperatives' efficiency has the tendency of "paying attention to management, but ignoring services", the paper specializes in "public service efficiency" of cooperatives from the *Club Products Theory*, enrich the research perspectives of the cooperatives' efficiency. The study emphasizes that the cooperative has both enterprise and community organization characteristics, cooperative is a kind of club organization, its purpose is to serving for membership. All of its business activities are in order to let members enjoy high - quality public services, so the cooperatives' efficiency should be seen as efficiency of public services.

Second, the paper combines the concept of "efficiency" in economics and the concept of "efficiency" in management, proposes the cooperatives' "comprehensive efficiency" concept of public service firstly. The comprehensive efficiency can be decomposed into "tool efficiency" and "value efficiency" from the angle of the goal orientation of efficiency, and decomposed into internal efficiency and external efficiency from the angle of effect scope. And for the first time, the paper explores the different levels and faces about public services efficiency of cooperatives from three aspects of the tool efficiency of regional perspective, the value efficiency of membership perspective, and the comprehensive efficiency of organizational perspective.

Third, the results confirmed some scholars' theoretical judgments to some degree, that's to say, to many part – time small – scale peasants, it's often less important to increase income by cooperatives. Nevertheless, small – scale peasants have the needs to reconstruct village public order, to undertake a top – down transferring resources, to maintain social contacts and get the meaning of life by cooperatives. The results show that social services functions such as enhancing trust among peasants and promoting the communication between the government and peasants have higher efficiency than the economic services functions such as increasing income and improving the industrial scale. Therefore, the small – scale peasants pay more attention to the cooperatives' social integration functions than economic services functions.

Fourth, through the decomposition and comparison of comprehensive efficiency, the paper draws a new conclusion: government's supports promote the cooperatives' external efficiency and tool efficiency more, but promote internal efficiency and value efficiency less. In other words, the promoting effects of government's supports to the development of cooperatives are mainly in the external economic effects in the market level, not obvious in the internal social effects on membership. This conclusion has important inspiration significance to the cooperatives' policy at present.

Key words: Peasants' Professional Cooperatives; Public Services; Tool Efficiency; Value Efficiency; Club Products; Principal – agent Relationship

1 导　　论

1.1　研究背景、目的与意义

1.1.1　研究背景

（1）农村经营体制改革与当前"三农"政策的重点

改革30多年以来，虽然中央"三农"政策历经调整和变革，但稳定和完善"以家庭承包经营为基础、统分结合"的双重经营体制一直是农村经济体制改革的主旋律。党的十八届三中全会《关于全面深化改革若干重大问题的决定》再次强调"加快构建以家庭经营为基础、包括合作经营在内的新型农业经营体系"。现阶段"三农"政策的重点是为"精耕细作"的小农户家庭经营提供社会化支持和服务，加强双重经营体制"统"层次的功能。从2013年到2015年的中央"一号文件"都强调了农民专业合作社①作为新型农业经营主体在农业社会化服务体系中的重要地位，2015年中央一号文件进一步提出"引导农民专业合作社拓宽服务领域，促进规范发展，实行年度报告公示制度，深入推进示范社创建行动"。农民专业合作社作为以农民社员为主体、以服务社员为宗旨的具有企业和共同体双重属性的特殊组织，具有扎根农村基层、熟悉农民偏好、降低交易成本等多重优势，是为小农户家庭经营提供系列社会化支持和服务的重要经营主体，其在新一轮农村改革中的

---

① 在下文中，如无特别说明，"合作社"均为"农民专业合作社"的简称。

地位和功能值得重点研究。

（2）农村公共服务供给体制重构与合作社的发展空间

中国公共服务"总体水平低，结构严重失衡"早已成为学界的共识，结构失衡中"弱势"的一方突出地体现为农村地区的农民群体。2000年开始试行的农村税费改革是一把双刃剑，在解决农民负担问题的同时，也截堵了基层政府的制度外财政，在"撤乡并镇、合村并组、取消村民组长、精简机构、减少行政人员"的弱化乡村行政的改革思路下，失去了公共权力依托的原子化的农民不仅无法通过自主博弈达成理性的集体行动，反而因无法克服公共事务中的搭便车行为而陷入"囚徒困境"，从而使农村公共服务供给严重短缺（贺雪峰，2006）。从2006年开始的多次中央会议和多个中央"一号文件"都把农村公共服务的"普惠性"和"均等化"目标作为重要内容，"建立健全基本公共服务体系，推进基本公共服务均等化"的战略目标进入"十二五"规划纲要。在此背景下，如何构建包括合作社在内的农村公共服务多元主体供给机制以应对政府一元供给的不足成为学界关注的焦点。合作社作为农民自愿合作组建的基层组织，不仅能够向社员农户提供农产品营销、农业信息、农业科技等"工具性"公共服务，而且能够向社员农户、社区和社会提供提升农户民主意识、加强农户和地方政府之间的沟通、增强社区社会资本乃至于稳定农户家庭经营制度等公共价值意义上的"价值性"公共服务。因此，合作社因其独特的公共服务功能，在创新农村公共服务供给体制、推进"基本公共服务均等化"进程中具有广阔的发展空间。

（3）合作社治理"乱象"与发展路线之争

自2007年《农民专业合作社法》实施以来，中国合作社的数量增长极快，但"质量"状况令人堪忧，呈现出"喜忧参半"的态势。一方面，合作社发展势头迅猛、数量激增。经农业部经管司统计，截至2013年年底，全国农民专业合作社达到88.41万家，拥有成员数4776万个，其中农户成员数占79.2%。从合作社增长趋势来看，2012 年以来全国平均每月增长近两万家，堪称"火箭"速度。另一方面，合作社治理却是乱象杂呈：为获取各种政策收益，不具备经营实体的"空壳合作社"和"翻牌合作社"轮番登场，农户"被社员"的现象屡见不鲜；在合作社治理格局中，"精英俘获""大股独大"和"大农吃小农"等现象长期存在。合作社治理纷繁的乱象折射的是当前学界关于合作社发展的路线之争，这场路线之争的焦点包括：第一，合作社应该为谁服务？合作社应该是"资本的联合"，还是"人的联合"？其重点服务对象应该是专业大农，还是兼业小农？第二，合作社应提供什么样的公共服务？应重点开发合作社的经济服务功能，还是社会服务功能？第三，应该发展什么样的合作社？是专业性合作社，还是综合性合作社？什么样的合作社才是适合中国国情和农情的本土合作社？针对以上问题，开展合作社公共服务效率研究，重新审视合作社发展水平的衡量标准，对于认清合作社治理"乱象"和明确发展路线显得尤为重要。

1.1.2　研究目的

在上述背景下，我们需要回答以下几个基本问题：第一，合作社公共服务的理论依据何在？其性质和功能是什么？第二，合作社的"公共服务效率"如何界定？其与合作社效率的区别何在？其公共服务效率水平如何测量？影响因素有哪些？第三，针对目前正在推进的合作社示范区建设，如何测量某个特定区域的合作社公共服务效率水平？第四，作为合作社主体的中小社员，最需要合作社提供哪些服务项目？其满意率的影响因素有哪些？第五，农业合作社发达国家在优化合作社公共服务效率方面有哪些可供借鉴的经验？第六，针对中国合作社公共服务的特殊性，如何提升其效率水平？

围绕以上问题，本研究的预期目标设定如下：

（1）对以往相关研究进行梳理，探讨农民专业合作社公共服务的理论基础，澄清其性质、可行性、功能等基本问题，并以此为基础界定农民专业合作社的公共服务效率。

（2）构建区域农民专业合作社公共服务效率的评价指标体系，并结合样本地区合作社数据进行实证检验，为区域合作社公共服务水平评价比较提供参照标准。

（3）从社员视角考察合作社公共服务满意率及其影响因素，通过社员对于合作社公共服务的满意率测量合作社公共服务的"价值效率"，借此考察中小社员需求，以便更好地确定合作社公共服务的目标导向。

（4）在重新界定农民专业合作社效率基础上，建立合作社公共服务的"综合效率"评价指标体系，并探讨其影响因素，为完善当前的合作社效率评价体系尤其是示范合作社评价标准提供依据。

（5）对国外合作社发达国家的合作社公共服务效率优化的基本经验和规律进行总结比较，为中国合作社公共服务效率的优化提供借鉴。

（6）在以上分析基础上，总结探讨中国合作社公共服务效率优化策略，为合作社新一轮的改革发展提供政策参考依据。

1.1.3　研究意义

（1）理论意义

第一，改变以往农民专业合作社效率研究中"重经营，轻服务"的倾向，紧扣合作社"服务社员"的根本宗旨，重点探讨农民专业合作社的公共服务效率，借以拓展合作社效率的研究领域。

第二，根据工具效率和价值效率相结合、内部效率和外部效率相结合的原则，提出农民专业合作社公共服务"综合效率"概念，并以此为分析工具检视当前合作社公共服务中的问题，为合作社新一轮的改革提供理论支持。

第三，从区域视角、社员视角和组织视角等多个角度对农民专业合作社公共服务效率展开分层研究，借以丰富合作社效率的研究视角，推进理论研究的深度和广度。

（2）实践意义

第一，本研究构建的区域合作社公共服务效率评价指标体系和合作社公共服务"综合效率"评价指标体系可以分别作为当前合作社示范区建设和示范社建设的基础评价标准，在实践上具有较强的应用价值。

第二，本研究从社员视角探讨了合作社公共服务价值效率的影响因素，对于了解中小社员需求，矫正合作社公共服务的目标导向具有重要的参考价值。

第三，本研究基于中国合作社公共服务的特殊委托代理关系和国外合作社公共服务效率优化的借鉴，提出了中国合作社公共服务效率的多元激励策略，对于强化中国合作社的服务功能、创新农村公共服务供给体制具有重要的指导意义。

1.2　文献综述

1.2.1　国外研究动态

国外合作社研究正式进入经济学视野始于 20 世纪 40 年代。学界一般认为合作经济研究始于 Emelianoff 和 Enke。Emelianoff（1942）和 Enke（1945）开始在合作经济研究中引入新古典经济学的企业理论，运用微观经济模型对合作社进行相对系统的分析。此后，合作经济逐渐成为经济学中一个独立的研究领域。从理论视角来看，国外合作社的研究经历了新古典经济学研究阶段和新制度经济学研究阶段。新古典经济学研究阶段大致从 20 世纪 40—80 年代，研究重点为合作社微观模型的设定和市场效率的评价；新制度经济学研究阶段大致从 20 世纪 80—90 年代以来，新制度经济学框架下的大量新兴理论，包括委托代理理论、交易成本理论、产权理论和博弈论等，开始越来越多地应用于合作社研究领域之中，研究重点集中在合作社的治理机制和制度安排。

（1）合作社存在的原因和组织效率

在新古典经济学家看来，农业合作社就是一种营利性企业，是独立的企业或者企业的"联合"。合作社企业的效率目标是兼顾社员的生产剩余和消费剩余，同时追求社员福利和社会福利的最大化，最终实现内部效率和外部效率的结合（Enke，1945；Emeli-anoff，1942；Phillips，1953；Helmberger & Hoos，1962；Bateman，Edwards & LeVay，1979）。Sexton（1986）认为，合作社存在的主要原因在于其规模经济效益。公众支持合作社也大多是基于对合作社经济效率的认可，即合作社是一种对抗市场霸权的力量，它能提高不完全市场的效率，改善社会福利。

产权理论学者对于合作社存在的原因及组织效率持不同意见。一些产权理论学者认为，组织的产权所有者同时又是其生产剩余的索取者，可以有效提高组织效率。因此合作社应该被组建（Ful-ton，1995）。但同时也有产权理论学者认为，由于合作社的产权界定模糊，资金的使用也有不合理之处，公平问题也难以很好解决，因此存在较严重的效率问题（Alchian & Demsetz，1972；Fama & Jensen，1983）。

在交易成本理论看来，合作社作为农民之间的纵向联合，具有同质性高、成员之间有信任关系等特点，因此能够有效解决农业资产的专用性和信息不对称等问题，具有较低的交易成本，因此合作社对于联合弱质农民的力量反抗市场垄断，是一种优越的制度安排（Ollila，1984；Williamson，1985）。

（2）合作社效率及其测量

合作社效率的内涵界定及测量一直以来都是合作经济研究的重点。经济效率和社会效率是国外相关文献关于合作社效率内涵界定及测量研究的两个基本角度。

合作社经济效率的研究方式主要有两种，第一种方式是根据类型进行合作社的效率研究，即学者们通常依据合作社的功能或产品特性将合作社分类，以探讨某种或某几种功能或产品类型的合作社的效率水平。Ariyaratne et al.（1997）对美国89家粮食销售和购买合作社的经济效率进行了时间维度的纵向比较分析。研究发现，样本合作社的规模效率水平都高于其技术效率和配置效率。据此，研究认为合作社要提高其总体效率水平，主要对策应是提高其劳动和资本等生产要素的利用率，不提倡单纯依靠生产经营规模扩张的做法。Singh et al.（2000）也得出了类似的结论，他以印度65家乳制品合作社为测量样本，研究发现通过生产要素的有效配置，合作社效率可以得到一定程度的提高。第二种合作社经济效率的研究方式是将合作社效率与投资者所有企业（IOF）进行比较研究。例如，Porter和Schully（1987）对美国牛奶合作社和IOF进行了较全面的实证比较。研究认为，由于技术、资源分配和规模等相关因素的制约，牛奶合作社比IOF的效率水平要低得多。Sexton & Iskow（1993）认为，与IOF相比，合作社需要为社员提供技术指导、市场信息、游说及相关的非营利性服务。这些服务必然会在一定程度上提高合作社成本，如果不考虑这些因素而认为合作社效率低下，其结论显然是错误的。Svend & Christian（1997）则通过实证研究发现，合作社与IOF相比更有效率优势，有扩大规模的潜力。由此可见，合作社效率与IOF效率到底孰高孰低，国外学者的研究中尚无定论，倾向性的观点是二者效率高低取决于社员特性、市场环境等相关因素。例如，Hart & Moore（1996）研究发现，在影响合作社和IOF的效率优劣的诸多因素中，起决定性作用的是农户的异质性程度和市场竞争程度。在农户异质性较强和市场竞争较激烈之时，IOF效率更高；而在农户同质性较强和市场竞争程度较低之时，则合作社的效率更高。Herbst & Prufer（2007）的观点与前者基本相同，认为如果合作社能将集体决策的成本控制在较低水平，同时所处的市场环境竞争程度不高，则合作社会表现较高的效率水平，反之，合作社则会表现出较低的效率水平。Chaddad & Cook

（2002）研究也发现，随着市场竞争越来越激烈，合作社将会变得效率低下，其中一部分合作社将会演变为 IOF。

相较于经济效率的研究，国外学者对合作社社会效率的研究相对较少。在为数不多的对于合作社社会效率的研究中，较有代表性的是 Alfredo & Carmen（1998）的研究。他们在构建的合作社模型中为合作社设置了两种角色：作为企业的角色和作为社会组织的角色。他们研究了西班牙 Aragan 地区农业合作社的经济效率，同时提出了合作社社会效率的评价指标体系。研究发现，在 1996—2002 年间，Aragan 地区合作社的经济效率趋于下降，其原因在于合作社承担了社会功能，建议政府应加大对于合作社的补贴。为测量合作社的社会效率水平，他们设置了外部环境、社员参与、生产经营过程、民主、沟通等评价指标，认为这些指标变量与合作社的社会效率水平之间呈正向关系，合作社的社会效率源于民主、公平等社会价值，有利于提升社会福利水平，是合作社价值所在。

（3）合作社效率的影响因素

合作社效率与诸多因素相关。国外已有文献对于合作社效率影响因素的研究集中在合作社规模、合作社内部治理和合作社外部环境三个方面。

第一，合作社规模对效率的影响。

众多学者均通过实证研究证实了规模在不同程度上影响效率。Ariyaratne et al.（1997）采用 Tobit 模型分析了美国中西部平原地区 89 家农业销售与农场供应合作社效率的影响因素，发现合作社规模对合作社效率有显著的正向影响，规模越大，合作社效率越高。Areas & Ruiz（2003）以果蔬合作社为例，研究认为，规模大有利于合作社实施差异化营销，因而能实现更高的效率水平。Hailu et al.（2007）通过对加拿大合作社的研究发现，合作社规模对效率的影响与合作社经营的产品类型相关。

第二，合作社内部治理对效率的影响。Krasachat & Chimkul（2009）认为，合作社成员培训可以通过积累人力资本来提高合作社效率。Sexton & Iskow（1993）认为影响合作社效率的内部因素主要有组织、财务和运营，其中组织因素包括成员特性和决策机制等。与此类似，Chris et al.（2001）将影响合作社效率的主要因素归纳为三个方面：合作社原则因素、组织构成因素和经营服务因素。其中，合作社原则因素主要指合作社对于社员民主控制、盈余按惠顾额返还等基本原则的执行情况。

第三，合作社外部环境对合作社效率的影响。外部环境中对合作社效率影响最大的是政府支持，众多学者均通过研究发现了政府支持对于合作社效率具有显著的正向影响。如 Krasachat & Chimkul（2009）通过实证研究发现，合作社效率具有明显的地区差异性，同时政府信贷政策对合作社效率有影响。Ariyaratne et al.（1997）和 Galdeano - Gomez et al.（2006）的研究均发现政府支持力度越大，则合作社效率越高。

（4）合作社的治理与激励

国外学者关于合作社治理机制的研究主要集中于委托代理视角、交易成本视角和博弈论视角等新制度经济学理论视角，涉及的主要治理问题包括产权结构、决策机制、监督机制和激励机制等。

第一，合作社的产权结构。Shaffer（1987）认为合作社中的契约关系与 IOF 中的契约关系相比有其特殊性。首先，从合作社有关内部事务的契约来看，社员的生产决策是独立的，合作社不能通过契约进行控制。其次，从合作社有关外部事务的契约来看，合作社与社员之间的契约是随机的或者不确定的，利润分配等问题无法通过契约说明，而只能依赖于合作社的市场盈利情况。与 IOF 相比，合作社社员与合作社之间的信任关系使合作社能够通过社员联合的方式分担市场风险，也使看似松散的契约关系变得稳定，是合作社保持稳定的重要机制。还有些学者注意到了合作社不完全契约关系存在的问题。如 Hart（1995）认为，不完全契约使合作社的产权比较模糊，导致其委托代理问题比较复杂，明确界定剩余索取权是合作社治理的关键所在。

第二，合作社的决策和监督机制。对于合作社的决策和监督问题，Staatz（1987）有一个经典的判断，即伴随着合作社规模的扩张和合作社异质性的增强，管理者对合作社原则和价值的认识出现偏差，普通社员角色分工模糊且监督意识和能力普遍较弱，这些因素都使合作社的委托代理关系更加复杂，其代理人问题与其他组织相比更加易发和突出，因此监督和激励都显得更加困难。Hendrikse & Veerman（2001）认为，经典合作社"一人一票"的决策机制在现实中容易演变为少数代理人控制，这是合作社需要解决的主要决策问题。对此，Condon（1987）建议通过引进外部理事机制来解决合作社的代理问题；Karantininis & Zago（2001）则建议通过激励高效率的社员来减少合作社的代理问题。

第三，合作社的激励机制。与合作社效率直接相关的治理问题是激励问题，从根本上讲，合作社激励问题的研究主要是为了提升合作社的效率。Hueth & Borgen（2003）对于合作社激励问题的总结比较有代表性，他们把合作社的激励问题归为两类：一类是投资激励，包括如何解决公共产权中的"搭便车"问题、如何解决短期行为问题等；另一类是决策激励，包括如何解决少数人控制问题，如何解决盲从问题等。对于建立什么样的激励机制，学者们提出了完善契约关系和加强对核心社员的激励等策略。例如，Royer（1999）认为，合作社由于"资本报酬有限"原则的限制，无法采取与股份制企业一样的股权激励方式，难以有效约束代理人的机会主义行为，因此应探讨建立适合合作社的股权激励机制；Fulton（1995）认为，完善产权结构是减少合作社代理问题的重要策略，特别是要强化对于合作社核心社员的监督与激励；Cook（1995）同样认为，合作社社员分化必然会增加代理成本，产生内部治理问题，因此应建立以提高核心社员积极性为主的激励机制。

1.2.2 国内研究动态

国内合作社相关研究从时间上可以划分为三个主要研究阶段：

　　第一阶段大概从 20 世纪 80 年代开始至 90 年代中期，当时学者的研究对象主要是农村改革之后出现的农民专业技术协会、农村股份合作组织以及社区合作组织等几种合作经济组织。这一时期的研究内容主要集中在介绍国外合作社经验并且评述中国合作社历史，较多体现在阐述合作经济组织的重要性，并大力倡导建立农民合作经济组织。同时，从这一时期开始，介绍合作组织理论和合作经济理论的著作开始陆续出版（徐更生、刘开铭，1986；米鸿才，1988；陆文强等，1988；蒋玉珉，1989；张晓山、苑鹏，1991；杨坚白，1992；王恒壁、王殿祥，1993；姚监复等，1994；樊亢、戎殿新，1994；俞家宝，1994）。

　　第二阶段从 20 世纪 90 年代中期至 2007 年前后，随着合作经济的发展，越来越多的学者开始关注合作社产生的客观必然性、制度特征、运行模式、运营效率和发展思路等问题，对于国外新古典经济学理论、新制度经济学理论等合作社理论的引入和应用研究也进入一个新的阶段（洪远朋，1996；魏道南、张晓山，1998；丁为民，1998；陈锡文，1999；范小建，1999；冯开文，1999；冯雪珍，2000；黄祖辉，2000；国鲁来，2001；应瑞瑶，2002；刘承礼，2003；傅晨，2003；徐旭初，2005）。

　　第三阶段从 2007 年至今，国家—农民关系，尤其农民—土地关系发生了显著变化，以中央取消农业税和《农民专业合作社法》实施为契机，合作社在农村"双层"经营体系中的地位和社会功能、合作社的制度边界和现实约束、合作社的政策选择与发展路线成为这一时期的研究重点，除了经济学者之外，来自社会学、政治学以及管理学等其他领域的学者都从合作社研究中找到了相应的议题，合作社研究跨学科趋势日益明显（仝志辉、温铁军，2009；潘劲，2011；唐宗焜，2012；邵科、徐旭初，2013；贺雪峰，2013）。

　　国内相关文献研究主要集中在如下几个议题：

（1）国际合作社公共服务的经验及借鉴

自20世纪80年代起，国内学者们开始致力于介绍国际合作社的公共服务经验，尤其是发达国家和地区的成熟经验。早期的代表性文献有米鸿才（1988）、徐更生、刘开铭（1986）、张晓山、苑鹏（1991）、国鲁来（1995）、焦天立（1998）；近期的代表性文献有苑鹏（2009）、杨团、孙炳耀（2012）、许欣欣（2013）、徐旭初等（2013）等。相关研究议题主要包括：国外合作经济相关理论介绍及在中国的应用；国外合作社提供公共服务的制度边界与制度变迁；国外合作社提供公共服务的模式及内容；国外合作社与政府关系。

（2）合作社效率的界定及测评

国内文献中的合作社效率大多是指投入产出意义上的经济效率。例如，李军（2005）建立了信用社效率的评价指标体系，主要从技术效率角度对合作社效率进行了实证分析和比较验证。胡胜德、初志红（2007）认为合作社的运营效率应从合作社本身和社员两方面考虑。从合作社本身来看，其效率可以通过四个方面的经济指标来衡量：一是通过降低交易成本取得的收益；二是通过规模经营取得的收益；三是破除市场霸权；四是降低交易信息和经济活动的不确定性。从社员来看，合作社的效率主要体现为农民加入合作社后收入的增加。黄祖辉等（2011）以浙江合作社为例，实证考察了合作社的技术效率。与国外一样，国内学者对于经济效率的研究一直是合作社效率研究的重点。

也有部分学者看到了合作社经济效率之中所蕴含的社会意义。如冯开文（2000）从新制度经济学视角对合作社的制度安排进行了剖析，认为现有的合作社是公平与效率兼顾的组织，其效率评价也应同时兼顾公平因素和效率因素。为提高效率水平，合作社可以设置不同的产权安排。李婉虹（2005）建立的合作社效率评价指标体系中，单独设置了"社会贡献"二级指标。在徐旭初（2009）和程克群、孟令杰（2011）等构建的合作社效率评价体系中，虽然经济因素仍是重点，但"社会影响"因素也开始被作为评价指标之一。

关于合作社效率的测评方法呈现出多样性特点。目前国内学者对合作社效率的测评方法主要有数据包络分析法（DEA）、专家调查法、层次分析法、综合评价指标体系法、因子分析法等。如张梅（2008）则运用综合评价指标体系法从内部效率和外部效率的角度构建了合作社运营效率评价指标体系。刘丽霞（2008）运用 DEA 方法构建了合作社经营效率评价指标体系。徐旭初（2009）运用专家调查法建立合作社的效率评价指标体系，并用因子分析法进行了验证。程克群、孟令杰（2011）运用专家调查法和层次分析法建立了效率评价指标体系。针对传统 DEA 方法测算效率不能考虑随机误差等缺陷，黄祖辉等（2011）运用 Bootstrap – DEA 方法测度了浙江省 896 家农民专业合作社的效率水平。

（3）合作社效率影响因素

一般而言，合作社效率影响因素包括合作社规模、成员特性、合作社内部治理机制和外部环境等，已有研究都表明了这些因素对于合作社效率会产生不同程度的影响。例如，徐旭初、吴彬（2010）等学者通过实证研究发现，理事会人数越多，合作社效率越高；社长担任社会职务的合作社效率高于社长无社会职务的合作社；对合作社效率影响最大的变量是合作社股权结构。苑鹏（2001）认为，加强合作社社员的教育和培训可以有效提升其效率。黄祖辉等（2011）在上述研究的基础上通过实证分析发现，地区经济发展水平、合作社规模、财务杠杆、理事会规模、合作社负责人的企业家才能和合作社社员的人力资本状况等因素在不同程度上影响合作社效率。

（4）合作社治理问题

由于中国合作社发展过程中普遍存在的区域发展不平衡、规模小、带动能力弱和运行不规范等问题，合作社治理问题及相应的解决策略一直是国内学者关注的焦点。应瑞瑶（2002）较早注意到了合作社治理中的"异化"现象，认为包括农民专业合作社在内的新型合作经济组织在当时大多不具有合作社的特征，而是异化的合作组织。马彦丽、孟彩英（2008）重点考察了中国合作社的委托代理关系与西方的差异，认为中国合作社呈现出的是不同于西方的双重委托—代理关系，其基本特点是核心社员"少数人控制"，侵害中小社员利益，致使合作社价值偏离。因此，中国合作社治理的重点是中小社员和核心社员之间的极度不对称的委托—代理关系。黄祖辉、邵科（2009）将当前合作社治理问题归结为合作社自我服务和民主控制两大本质规定性的"漂移"，认为政府部门不能强行干预，而应通过合作社规制建设进行引导，同时鼓励社员通过修改章程等方法自主选择合作社本质漂移的限度。潘劲（2011）通过解读合作社发展数据发现，当前的合作社发展中存在普遍的大股东控股、民主控制流于形式、空壳合作社普遍存在、成员身份和边界模糊等诸多治理问题，并因此建议采取激励与监管并重的合作社发展政策。曹攀峰（2013）、鲁迎春（2013）等则将当前合作社的治理问题称为"空壳化"现象，建议从内生动力和外部刺激两方面加以规范。

（5）合作社发展方向

围绕中国合作社的发展方向问题，自合作社产生以来学界的争论就从未停止过。范小建（1999）对中国合作社的发展方向曾做过一个较有代表性的总结，认为中国合作社的发展思路主要有两种：一种是发展类似日韩农协的综合性合作社；另一种是综合合作社和专业合作社并存发展、分而治之。虽然目前政府部门仍然以扶持建设专业合作社为主，但越来越多的学者认为现有的专业合作社在实践中难以克服集体行动的困境，也难以回应大部分社员需求，因此建议将发展综合性合作社作为中国合作社的未来战略。例如，仝志辉、温铁军（2009）指出，在部门利益和资本利益的共同挤压下，当前专业合作社中"大农吃小农"的治理逻辑得以形成，专业合作社更符合部门和资本利益；要破除"大农吃小农"的格局，应做好合作社的顶层设计，将综合性合作社作为中国合作组织的未来方向。杨团、孙炳耀（2012）也认为，中国应借鉴韩国综合农协的做法，提高合作社在国民经济中的战略地位，将综合性合作社作为中国合作社未来的发展方向。徐旭初等（2013）指出，即使现阶段不能建立综合性合作社，也应积极探索通过合作社联合会（农协）或合作社联社的方式促进合作社"联盟"的建立。

1.2.3　文献评述

从以上关于国内外研究文献的综述我们可以得出以下几个基本结论：

（1）从合作社研究的视角来看，国外合作社研究主要涉及的是新古典经济学和新制度经济学两大理论流派，从中演化出新古典经济学、产权理论、交易成本理论和博弈论四个理论分析框架；而国内合作社研究较多关注新古典经济学和新制度经济学两大理论流派在中国场景的应用，从中演化出产业发展视角、治理视角和制度安排等视角。

（2）从合作社研究的趋势来看，合作经济理论研究已从开始的必要性、可行性和合理性论证，走向合作社效率及其影响因素研究，再到合作社相关利益主体的博弈研究、产权制度研究、治理机制研究以及制度改革研究。国内合作社研究也从对国外合作社理论和经验的介绍，转向了本土合作社治理机制和制度设计研究。

（3）从合作社研究的重点来看，合作社的效率研究及相关的制度安排是数十年来国内外研究的焦点。但是当前国内外研究的侧重点有所不同：由于"新一代合作社"的出现，欧美各国正面临合作社制度的变革，国外合作社研究侧重于研究新的经济社会和技术条件下合作社组织制度的应对和调整，合作社投资激励、产权改革、治理结构的选择和社会公共政策等问题获得越来越多研究者的重视。而在中国，由于合作社发展与解决"三农"问题有着千丝万缕的联系，以及政府在经济社会发展中扮演的重要角色，国内合作社研究侧重于研究合作社发展与农村公共服务体系和新农村建设的关系，合作社发展进程中的公平与效率之争、合作社发展的制度环境以及政策选择成为近几年的热门研究话题。

总体而言，已有国内外文献研究主要存在以下几点不足：第一，已有文献多是就效率谈效率，关注点多是合作社效率或经济数据本身，较少体现合作社发展对农民发展的"人文关怀"。效率为发展服务，合作社发展为农民发展服务，在当今中国，合作社效率研究缺少了对于农民发展的"人文关怀"，也就缺少了经济研究的"良心"。第二，已有文献普遍将合作社研究和公共服务研究相分离。实际上，根据"俱乐部产品理论"，合作社为社员提供的服务是一种"俱乐部式公共服务"。因此，合作社研究与公共服务研究应是紧密关联的。但是，现有文献对于二者的关联研究较少涉及。虽然也有少数学者提到了合作社的服务功能和特性，但鲜有文献从公共服务角度对合作社效率进行系统研究。第三，已有文献对于合作社效率的研究主要集中于可测量的工具性效率，对合作社难以测量的价值性效率的研究比较缺乏。虽然已有学者注意到了民主、公平、信任、社区发展等价值因素与合作社效率的关系，但在研究中要么将这些因素作为影响合作社效率的外在变量，要么将此类因素作为合作社效率中的一个补充性的测量指标，在理论和实践上都缺乏一个包含工具性效率和价值性效率在内的合作社综合效率评价体系。第四，在已有文献对于合作社效率的评价方式中，较多采用的是类似于企业效率评价的财务分析方法，即通过利润、杠杆水平、流动性等特定财务指标来测量合作社的财务效率或运营效率，这种方式在国外研究中尤为普遍；另一种常见做法是通过政府部门统计数据或合作社问卷调查数据和案例分析的方法来测量合作社的经济效率。或者可以说，从政府部门或合作社负责人角度这种自上而下的合作社效率评价方式较多，而来自普通社员角度的自下而上的合作社效率评价方式相对缺乏。合作社以服务社员为宗旨，少了服务对象角度的评价，合作社效率评价的信度和效度都必将大打折扣。

因此，我们不难发现，合作社发展对于农民发展的作用、合作社研究与公共服务研究的结合、包含价值效率在内的合作社综合效率评价体系的构建，以及合作社效率评价方式中政府部门评定、负责人评价和普通社员评价方式的结合等相关研究问题均具有重要研究价值和较大研究空间。本研究试图针对以上问题展开探讨，以拓展相关研究成果、推进合作经济的理论和实践研究。

1.3　研究设计

1.3.1　结构框架

本研究共分为9章，全文结构框架如下：

第1章　导论

介绍研究背景，导出主要问题，阐明研究目的和意义；对国内外研究动态进行述评，确定内容框架和技术路线，介绍研究方法，提出可能的创新和不足之处，界定核心概念。

第2章　农民专业合作社公共服务的理论基础

阐述合作社公共服务的来源，解释合作社公共服务的性质、可能性和可行性，分析合作社公共服务的内容、特性和功能。

第3章　农民专业合作社公共服务效率的理论分析框架

进一步分析合作社公共服务效率的特性，界定合作社公共服务效率的内涵，提出合作社公共服务效率研究的多维视角，在此基础上建立合作社公共服务效率的理论分析框架、提出全文的理论研究假设。

第4章　区域视角：农民专业合作社公共服务的总体工具效率

分析合作社公共服务效率的全国性总体环境条件，在论述浙江省合作社公共服务的区域特点基础上建立区域合作社公共服务的效率评价指标体系，并通过浙江省11市的指标数据进行测算验证，最后指出区域合作社公共服务效率指标体系的应用及其局限。

第5章　社员视角：典型农民专业合作社公共服务的价值效率

通过"社员对合作社的公共服务满意度"测量典型合作社公共服务的价值效率，以浙江省26个合作社的290户社员调查为基础，从合作社特性、合作社服务过程和合作社服务结果三方面构建合作社公共服务满意度影响因素的理论分析框架，分析中小社员对合作社公共服务的总体需求结构及特征，通过二元 Logistic 回归模型实证检验合作社公共服务效率的影响因素，最后进行总结并提出政策建议。

第6章　组织视角：典型农民专业合作社公共服务的综合效率

从合作社组织层面建立涵盖内部效率和外部效率、工具效率和价值效率的合作社公共服务"综合效率"评价指标体系，测量浙江省26个典型合作社的公共服务效率，并通过因子分析法进行验证，从成员特性、服务过程和服务环境三个方面建立合作社公共服务效率影响因素的理论分析框架，并通过多元回归模型进行实证检验，最后在此基础上提出对策建议。

第7章　国外农业合作社公共服务效率优化策略的借鉴

运用比较制度分析方法，重点围绕欧美"自主发展型"合作社和日韩"政府主导型"合作社之间的比较展开，从中提炼不同类型合作社公共服务效率优化的一般规律，以此作为中国合作社公共服务效率优化的借鉴。

第8章　中国农民专业合作社公共服务效率的优化策略

本部分是整个研究的落脚点。明确合作社公共服务在农村公共服务体系中的角色和地位，进一步明确提升合作社公共服务效率的必要性；建立中国合作社公共服务的"双重多层"委托—代理关系模型，据此对合作社公共服务效率的代理人问题进行归因分析，并在实证研究和国际比较研究基础上提出中国合作社公共服务效率的多元激励策略。

第9章　研究结论与研究展望

总结论文的主要研究结论，并针对论文研究不足，提出未来研究的方向。

　　从全文各部分之间的逻辑关系看，第 1 章"导论"介绍背景、阐明目标，重在提出问题；第 2 章从合作社界定出发，从来源、性质、可能性、可行性和功能等方面阐明农民专业合作社公共服务的理论依据，是全文的理论基础；第 3 章通过重新解读农民专业合作社效率和提出效率研究的多维视角来构建整个研究的理论分析框架，从应然层面统领全文的理论研究；第 4、5、6 章是本文的实证研究部分，分别从区域视角、社员视角和组织视角呈现合作社公共服务效率的不同层次和不同面相：区域视角呈现的是区域合作社总体层面的工具效率，社员视角呈现的是典型合作社社员层面的价值效率，而组织视角则呈现的是典型合作社组织层面的综合效率。第 7 章从比较制度视角考察合作社发达国家的公共服务效率优化经验，以此作为中国合作社效率优化的参照，为下一章的对策研究做好铺垫；第 8 章是全文的对策研究部分，也是全文的落脚点，旨在以前述分析为基础提出中国合作社公共服务效率的多元激励策略。

1.3.2　技术路线

本研究的技术路线可用图 1.1 表示。

1.3.3　研究方法

　　本研究遵循学术研究基本范式，以经济学的研究方法为主，同时结合管理学和社会学的研究方法，具体方法如下：

　　（1）规范研究

　　本研究以公共经济学的公共产品理论、俱乐部经济理论作为基础，澄清农民专业合作社公共服务的来源、性质、可行性等基本问题；运用管理学的公共服务理论分析合作社公共服务效率的特性，运用公共价值管理理论探讨合作社公共服务效率的公共价值属性及"价值效率"的界定；运用新制度经济学的委托—代理理论分析合作社公共服务的委托代理关系，并探讨其效率优化策略。

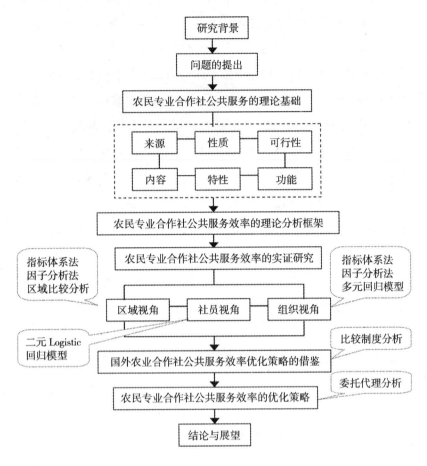

图 1.1　技术路线

（2）实证研究

本研究通过合作社负责人及社员问卷调查、实地走访、政府部门负责人访谈、申请政府信息公开等多种方法采集数据资料，并运用指标体系法、因子分析法、Logistic 回归模型、多元回归模型等计量分析方法对数据资料进行统计分析。实证研究主要涉及第 4、5、6 三章，具体而言，第 4 章运用浙江省 11 市合作社数据通过指标体系法和因子分析法测量验证区域合作社公共服务的总体工具效率；第 5 章运用浙江省 290 户中小社员调查数据通过 Logistic 回归模型分析社员视角的合作社公共服务价值效率及影响因素；第 6 章运用浙江省 26 家合作社负责人及社员的调查数据通过指标体系法和多元回归模型从组织层面测量合作社公共服务的综合效率并分析其影响因素。

（3）比较研究

本研究运用区域比较分析方法对区域合作社公共服务效率进行分区比较研究，运用比较制度分析方法对不同类型的国外合作社公共服务效率优化策略进行国际比较研究，并在实证研究中针对不同发起人类型、不同示范等级的合作社的公共服务效率进行了类型比较研究。

1.4　可能的创新与研究不足

1.4.1　可能的创新

本研究可能的创新体现在如下几个方面：

（1）研究视角的延伸。针对以往农民专业合作社效率研究中"重经营、轻服务"的倾向，从公共经济学的俱乐部产品理论视角专题研究合作社的"公共服务效率"，一定程度上丰富了合作社效率的研究视角。以往研究大多关注合作社作为一个经营实体的营利性特征，因此重点研究其工具主义层面的工具效率；本研究强调合作社是一种以"服务社员"为宗旨的俱乐部组织，兼具企业和共同体双重组织特性，其所有的经营活动都是为了让社员享受优质高效的公共服务，因此应重点研究合作社的"公共服务效率"。

（2）研究概念的拓展。将经济学的"效率"概念与管理学的"效率"概念结合起来，提出合作社公共服务"综合效率"的概念，将综合效率从效率的目标取向角度分解为"工具效率"和"价值效率"，从效率的影响范围角度分解为"内部效率"和"外部效率"；并首次根据区域视角、社员视角和组织视角三个视角，分别从区域合作社总体层面的工具效率、典型合作社社员层面的价值效率和典型合作社组织层面的综合效率三个角度考察合作社公共服务效率的不同层次和面相。

（3）研究结论的验证。论文结论在一定程度上证实了温铁军、贺雪峰等学者的理论判断，即在小农普遍兼业化的情况下，通过合作社增收等经济方面的需要往往对于小农而言不那么重要，小农的生存方式、文化伦理决定了其还有通过合作社重建村庄的公共秩序、承接自上而下的转移资源以及通过与村庄内的社员交往维系社会联系、获得生活意义的需要。研究发现：从中小社员角度看，合作社在增强农户间信任和促进政府与农户间的沟通等方面的社会服务功能比增加收入和提高产业规模等经济服务功能具有更高的满意率。可见，对于兼业化的小农而言，与经济服务功能相比，他们更关注的是合作社作为一个基层组织的社会整合功能。

（4）研究内容的创新。论文通过对合作社公共服务综合效率的分解比较得出了一个相对较新的结论：政府扶持更多地促进了合作社公共服务的外部效率和工具效率，而对其内部效率和价值效率的影响不明显。换句话说，政府扶持对于合作社发展的推动效应主要体现在外部市场层面的经济效应，对于内部社员层面的社会效应则表现不明显。此结论对于现阶段进一步反思合作社政策、重新认识政府部门在合作社效率优化过程中的角色和职能具有十分重要的启发意义。

1.4.2 研究不足

相对于农民专业合作社效率研究，农民专业合作社的公共服务效率研究是一个新的研究领域，也是一项系统而复杂的研究工作，涉及经济学、管理学、社会学等多个学科的诸多理论，在实践层面更是涉及农民合作社、农村公共服务、农村社会治理等多个领域，论文虽然在对合作社公共服务效率进行理论界定的基础上从区域视角、社员视角和组织视角等进行了分析，但由于个人能力、数据采集、研究时间等多方面的限制，仍存在多方面的不足，有待今后进一步深入研究。

（1）样本选取方面的不足。论文在定量研究方面，均选择了浙江省合作社为研究样本。由于调查人力、时间、数据可得性等方面的限制，论文只是选取了来自浙江省 6 市 26 个合作社的 290 户社员为分析样本，样本合作社数量偏少，一定程度上限制了模型的解释力。如果能扩大调查范围并增大样本量，可能会获得更多有价值的结论。

（2）研究方法方面的不足。在具体研究方法上，除了文献研究之外，主要采取的是针对合作社负责人和社员的问卷调查、相关政府部门调研和针对合作社的非正式文献收集，但对合作社负责人没有进行访谈，这是本文的一个缺憾。为弥补此不足，作者进行了部分合作社负责人的电话回访，同时希望今后在后续研究中能运用案例分析方法，针对典型合作社开展"类型研究"，以推进本研究的深度和广度。

（3）相对效率研究的不足。由于数据可得性的限制，论文没有将合作社公共服务效率和政府农村公共服务效率进行比较，因此无法衡量合作社公共服务的"相对效率"。此不足也有待于在今后的研究中加以完善。

1.5　核心概念的界定

1.5.1　合作社

国际上关于合作社的界定至今没有统一意见，相关争论的焦点是合作社的性质到底是"企业"还是"共同体"。目前最有代表性的观点来自国际合作社联盟 1995 年对于合作社的界定，"合作社是自愿联合起来的人们通过联合所有与民主控制的企业来满足他们共同的经济、社会与文化的需求与抱负的自治联合体。"

本文采用以上界定，认为合作社兼具企业和共同体的双重属性，是一个跨部门的组织形态。一方面，合作社是由有服务需要的人们在自愿基础上根据民主控制原则合作组建的企业；另一方面，合作社也是以回应社员的经济、社会等多元诉求为宗旨的自治组织。这一界定最直接的作用在于，防止对于合作社企业化的认定，导致忽视合作社的社会功能。合作社存在于各个领域和各个行业，按照服务对象划分，有农民合作社、工人合作社、企业主合作社等等；按照服务内容划分，有购销合作社、加工合作社、保险合作社、信贷合作社，等等。

在此需要特别说明的是，本研究指涉的农民合作社只是众多合作社类型中的一种，除了第2章关于合作社界定、合作社价值和合作社原则的论述中所指的是广义上的"合作社"，其他各章中如果没有特别说明，所指的合作社均为"农民专业合作社"的简称。

1.5.2 农民专业合作社

中国《农民专业合作社法》规定，农民专业合作社是"在农村家庭联产承包经营基础上，同类农产品的生产经营者或者同类农业生产经营服务的提供者、利用者，自愿联合、民主管理的互助性经济组织"。

此界定在本质上与国际合作社理论界对农业合作社的基本规定相符，指明了合作社所必备的"自愿联合""民主管理"等核心特点，都认为合作社是一种由成员所有、成员控制和成员受益的互助组织。应该说，《合作社法》针对当时中国农民合作组织发展的特点，将"专业合作社"明确为中国农民合作组织的主流形式和支持对象，极大地推动了农民合作社的发展。但随着当前合作社的发展，很多新情况、新问题随之出现，《合作社法》对于合作社"专业性"和"经济组织"特性的强调已经不能很好地满足社员需求。鉴于当前合作社仍然按照《合作社法》的规定设立和运行，本研究仍然采用《合作社法》对于"农民专业合作社"的界定，但建议尽快加以修订完善，以给合作社拓展社会服务功能提供足够的空间。本文所指的"农民专业合作社"在概念内涵上等同于欧美所称的"农业合作社"以及日本、韩国所称的"农业协同组合"（农协），都属于同一层次的农民合作社。

目前中国农业部对于合作社的分类标准主要有产业分布、发起人类型和服务内容等。为重点比较由不同主体发起的合作社公共服务效率的差异，本研究以发起人类型为分类标准，将合作社分为普通农民发起、村干部发起、企业发起、政府部门（基层农技服务组织、供销社、工商、科委等）发起和其他主体发起五种类型。2013 年，在全国 884089 家合作社中，由普通农民发起的合作社数量最多，所占比例为 75.4%；其次为村干部发起的合作社，占比 15.3%；其后依次为其他主体发起（占比 4.8%）、企业发起（占比 2.8%）和政府部门发起（占比 1.7%）。

1.5.3　合作社公共服务

基于表述方便的原则，本文在行文中将"农民专业合作社提供公共服务"简称为"合作社公共服务"，特指合作社为社员提供公共服务项目这一动态的过程和行为。发达国家的合作社通常为其社员提供销售、购买、加工、运输、仓储、信贷、保险等多样化的公共服务。目前，中国的农民专业合作社为社员提供的公共服务项目主要是专业性的经济服务，既包括产前产后环节的服务，如农资供应和购买服务、销售服务、加工服务、运输服务、储藏服务以及相关的信息发布和技术指导服务，尚未涉及信贷、保险等金融服务，更不涉及社会保障类的社会服务。

需要说明的是，本文对于合作社公共服务以及合作社公共服务效率的表述，都是将"公共服务"作为一个整体而言的，而非针对某一类型的公共服务。关于"合作社公共服务效率"相关的概念界定，在第 3 章另有详细的界定。

2 农民专业合作社公共服务的理论基础

在探讨其效率之前,本章先对合作社公共服务的来源、性质、可能性、特性和功能等基本问题进行系统梳理,为构建合作社公共服务效率的理论分析框架提供基础学理支持。

2.1 农民专业合作社公共服务的定义、价值和原则

探讨农民专业合作社公共服务的理论基础,首先必须明确合作社的界定。关于合作社①界定的研究是一切合作社研究的逻辑起点。合作社界定主要包括合作社价值、原则和由此总结出的定义,回答的是"合作社是什么"的问题。合作社界定,尤其是合作社的价值和原则,是合作社提供公共服务的理论源头,指出了合作社公共服务的价值、准则和基本特性。

国际学术界和各国合作社实践中围绕合作社界定一直以来争论不断,作为合作社基石的合作社原则历经多次修改完善,直到1995年国际合作社联盟(ICA)成立一百周年的曼彻斯特代表大会讨论并发布了《关于合作社界定的声明》(*The Statement on the Co - operative Identity*,以下简称《声明》)。《声明》概括地表达了各国官方和国际学术界对合作社本质规定的一致约定,反映了当前

---

① 文中关于合作社定义、合作社价值和合作社原则的所有论述中,"合作社"均指包括农民专业合作社在内的广义合作社,而非"农民专业合作社"的简写形式。

国际社会对合作社认识的深度①。

2001 年，联合国大会第 56/114 号决议批准了《旨在为合作社发展创造支持性环境的准则》，明确要求各国政府采用《声明》中提出的合作社定义，将合作社价值与原则作为合作社发展的基本依据，并为合作社发展创造支持性的政策和法律环境。随后 2002 年第 90 届国际劳工大会发布了《合作社促进建议书》，更具体地、毫无保留地接纳了国际合作社联盟《声明》的全部内容和文字，向 175 个成员国政府提出了关于为合作社提供支持性政策与法律框架的建议。所以说，1995 年国际合作社联盟《声明》中提出的合作社界定不仅是国际合作社运动的共识，也是国际社会的共识，是合作社界定的世界标准，对于准确把握合作社的本质和指导中国合作社的理论研究和实践发展具有重要意义。接下来我们将对《声明》中确定的合作社定义、合作社价值和合作社原则进行系统分析，并以此作为本研究的起点。

2.1.1 合作社定义

根据《声明》给出的合作社定义（见前文），合作社兼具企业和共同体的双重属性，是一个跨部门的组织形态。一方面，合作社是由有服务需要的人们在自愿基础上根据民主控制原则合作组建的企业；另一方面，合作社也是以回应社员的经济、社会等多元诉求为宗旨的自治组织。这个定义是合作社价值和原则的高度提炼和概括，主要包含了以下几个要点：

（1）合作社的基本性质是独立自主的"自治联合体"，载体是"企业"，所以说合作社兼具企业和共同体的双重属性，是区别于其他企业形态的一种特殊的企业组织。作为企业，合作社与其他企

---

① 以下《关于合作社界定的声明》的中译文来自唐宗焜根据法定英文本的翻译（包括合作社的定义、价值和原则），原文由唐宗焜于 2006 年 8 月 9 日首发在中国社会科学院经济研究所网站 http://ie.cass.cn。

业一样参与市场竞争，对外追求利润最大化，讲究市场效率；作为社员自愿联合组织的共同体，合作社又具有非营利组织的特性，对内坚持资本报酬有限和盈余按交易额比例返还，追求社员公共利益最大化。

（2）合作社的主体是"自愿联合起来的人们"，即强调合作社是人的联合，而非资本的联合，资本从属于社员。"自愿"强调合作社社员在进入和退出机制方面的知情同意权和自由决定权，是社员最基本的权利。如果违背了自愿原则，则会出现强制入社、"被社员"和"被合作"等不规范现象。其中蕴含的"退出自由"原则，更被许多学者认为是合作社治理的重要机制，如果合作社出现"失范"行为，则社员可以通过"用脚投票"的方式选择退出，从而形成对合作社行为的压力性制约机制。

（3）合作社的宗旨是服务社员、满足社员需求。可以说，"服务社员"是合作社的根本和唯一宗旨（唐宗焜，2012）。满足社员的经济需求是合作社的首要任务，此外，合作社作为社员联合体，还应该尽其所能满足社员的社会和文化层面的需求。社会需求包括社会保障、增强信任、促进沟通和改善环境，等等；文化需求，包括开展文体活动、尊重和弘扬民族和地区文化，等等。以社员的多元化需求为本，为社员提供多样化、多层次的公共服务项目，是合作社产生和发展的内在源头和根本动力。

（4）社员"联合所有"和"民主控制"是合作社实现"服务社员"宗旨的制度保证。联合所有是产权特征，民主控制是治理特征，这两个制度安排是合作社区别于其他企业和组织的制度边界。

总之，合作社定义阐明了合作社的性质、主体、宗旨和结构，是合作社价值和合作社原则的提炼和浓缩，也是合作社界定的底线。在此底线之上，合作社可以在社员认可的情况下根据各自的实际情况进行制度选择和制度创新。

2.1.2　合作社价值

根据《声明》,合作社价值由两部分构成,作为基础部分的是自助、自担责任等合作社的核心价值和基本价值;作为扩展部分的是诚信、开放等源自合作社传统的社会伦理价值。①

（1）基本价值

基本价值涵盖了合作社赖以存在的最基本的价值规定,也是合作社所具有的独特价值所在。

第一,自助（self - help）。“自助”是合作社的根本立足点,它体现了一切人能够而且应该掌握自己命运的信念;同时它承认个人能力的局限性,个人只有同他人联合起来,通过联合行动和相互担责,才能实现个人全面发展,真正发挥自己的潜力,因而作为合作社价值的“互助”是“相互的自助”（mutual self - help）。所谓“相互的自助”,也就是自助和互助的结合,既是人们互助支持下的自助,也是自助基础上的互助。

第二,自担责任（self - responsibility）。“自担责任”是指社员对自己组建的合作社承担必要的责任。合作社的成立、变革、发展和服务社员,以及维护自身的独立性、遵循合作社的规制等等,都是社员自己必须承担的责任,不能依赖他人。中国也有一些《声明》中译文将这里的“自担责任”翻译成“自负盈亏”或“自律”等,都不能充分表达本意。“自担责任”不仅包括“自负盈亏”和“自律”,还包括社员的出资责任以及维护合作社独立性等作为社员的责任感和使命感。

第三,民主（democracy）。“民主”是将合作社的命运掌握在社员手中的根本保证。民主既是社员的权利,也是社员的责任。对于合作社而言,民主既是基本价值,也是“民主控制”原则的体现。合作社常常被称为“民主教育基地”,通过合作社内的民主参

---

① 参见唐宗焜:《合作社真谛》,知识产权出版社 2012 年版,第 22—23 页。

与实践培养社员的民主意识和民主精神是合作社永恒的任务。

第四，平等（equality）。"平等"表明合作社以人为本的联合是人与人之间平等的联合，合作社以人为本，而非以资为本，资也是为人服务。社员人人平等是合作社的基础，合作社中任何社员的个人利益都不能凌驾于其他社员的利益之上。每名合作社成员在参与权、意见和建议权、知情权、共同决策权等权利方面完全平等，也同时在履行义务方面完全平等，这也是合作社社员产生理性的"集体行动"的基础。

第五，公平（equity）。合作社内部的"公平"首先是指社员待遇公平，合作社要公平地对待每个社员，包括合作社对社员的交易报酬、提取和配置资本公积金和减少收费，等等。

第六，团结（solidarity）。"团结"是合作社的本色。社员作为合作社这个联合体的成员，在关注个人利益的同时，也要关心合作社的总体利益和社员的集体利益，保证每个社员都能得到尽可能公平、公正的对待。任何社员都不能通过牺牲其他社员的利益来牟取私利。团结不仅存在于社员之间，社员还应该公平地处理好同合作社雇员（无论其是否是社员）的关系，以及同与合作社有联系的非社员的关系。同时，团结也意味着合作社之间要通过实际步骤发展相互的合作，以便向社员以最低价格供应最优质的产品和服务，或者以最优价格和最低费用销售社员的产品。

（2）社会伦理价值

除上述基本价值之外，《声明》同时提出了"诚信、开放、社会责任和关怀他人"等社会伦理价值。这些社会伦理价值并非合作社所特有，在其他类型的企业、公共机构或社会组织中也是应该提倡的，但是，由于它们在世界合作社运动史上一开始就占有特别突出的地位，因而《声明》强调说这是"合作社创始人的传统"。

第一，诚信（honesty）。19世纪40年代的英国，市场上欺诈盛行，诞生于此时的世界上第一个成功的合作社——英格兰罗契戴尔公平先锋社，就以准斤足两、童叟无欺的纯正品质和公平价格向社员供应商品，为合作社树立了诚信交易的典范。其诚信传统在英国合作社运动中一直保持至今，并在当代条件下不断创新。在其他国家，诚信同样成为规范合作社行为的基本准则。

第二，开放（openness）。"开放"既包括社员资格的开放性，向一切自愿参加合作社并遵守合作社规则的人们敞开大门，也包括经营和管理过程的"开放性"，向社员充分披露合作社经营信息，接受社员监督。

第三，社会责任（social responsibility）。"社会责任"表达了合作社服务社员的同时自愿承担服务社会的义务，将服务社员和服务社会统一起来。合作社在自身资源许可的范围内尽力支持它们所在社区的经济、社会发展。

第四，关怀他人（caring for others）。"关怀他人"指合作社作为人的联合，将人的尊严和与生俱来的价值和能力放在首位，不仅关心自己的社员，而且关怀合作社之外的个体发展，帮助他人通过自助提高生活质量。

我们可以将合作社的基本价值称为合作社"内向的价值"，而把合作社的社会伦理价值称为合作社的"外向的价值"。前者主要面向社员，说明内部社员之间以及社员个体与合作社整体之间的关系；后者主要面向合作社之外的个人和社会，说明合作社与非社员的他人之间以及合作社与社区和社会之间的关系。前者构成了合作社作为以服务社员为宗旨的社员联合体所必需的内在合法性基础，后者构成了合作社作为社会结构中的一个经济组织所必需的社会合法性基础。

2.1.3 合作社原则

合作社原则是合作社价值在实践中应用的基本指导准则，也是合作社的制度基础。《声明》中将合作社原则概括为七项：自愿与开放的社员资格；社员民主控制；社员经济参与；自治与独立；教育、培训与告知；合作社之间的合作；关注社区。这七条原则历经变迁，可以说是经一百多年来合作社运动实践千锤百炼的结果，每一条原则都具有丰富的内涵，是拓展合作社研究的前提，对于把握合作社的实质、澄清有关合作社的认识误区和指导中国合作社发展具有重要意义。

（1）自愿与开放的社员资格

包含社员资格方面的自愿和开放两层含义。自愿，指的是"合作社是自愿的组织"，个人入社自愿、退社自由；强制组织或限制退出的，就违背了建立合作社的初衷。开放，指的是社员资格向所有愿意承担义务和行使权利的社员开放，不受性别、种族、社会地位、宗教信仰等个人特性和背景方面的限制。在各国合作社实践中，一般都规定合作社可以向其他涉农企业和团体开放，只不过在团体社员的数量和权利方面有不同程度的限制，以保障农民社员的利益。社员资格的"开放原则"体现了合作社"平等"和"开放"的价值。

从这里我们也可以看到涉及社员资格的两个条件，一是因为合作社的宗旨是为社员服务，每种类型的合作社都有自己特定的服务范围和服务对象，社员参加合作社的目的就应该是使用合作社的服务，不使用合作社服务的人成为社员就违背了合作社的宗旨；二是作为合作社社员，应积极参与合作社的决策、监督、教育和培训，这既是社员权利，也是社员义务。同时，每个合作社的规模大小必须确保合作社服务的效率，因而合作社规模应有一定的限度。

（2）社员民主控制

此原则包含三个基本点：第一，合作社由社员民主控制，强调其最终决策权而非一般性的参与权由社员通过民主程序实现。也即是说，控制合作社的主体是社员，全体社员拥有对合作社的最终控制权；社员对合作社的控制遵循严格的民主规则和程序，任何社员都不能随意控制合作社；社员对合作社的控制要落实到社员对合作社的决策参与，不仅仅是一般性的监督和建议。社员民主控制是社员的权利和责任，也是合作社法人治理结构的核心。第二，由社员选举出来从事合作社事务的代表或负责人要对社员负责。合作社属于社员，不属于选举出来的领导人，更不是属于合作社的雇员。他们只是受社员委托，为合作社社员提供服务，因此他们的行动必须对社员负责，为社员的当前利益和长远利益服务。第三，社员行使民主控制权的程序强调"一人一票"的平等投票权。值得注意的是，"社员民主控制"原则对于组建合作社联合社也做了相应规定，明确要求合作社联合社也应严格遵循民主控制程序，"以民主的方式组织"。合作社联合社的成员不是社员个人，而是成员社。这里之所以强调联合社是"以民主的方式组织"，而非实行如第一级合作社那样的"一人一票"，是因为各个成员社的情况不同，甚至差别很大，因而难以实行"一人一票"，更不能简单地实行一社一票（唐宗焜，2012）。各国在合作社实践中，考虑到这种情况，分别参照各个成员社的社员人数、同联合社的交易规模和对联合社承担的义务大小等差异，实行适当的比例投票权分配；但是，也要保证最小的成员社拥有必须合理的投票权，总的原则是不能突破合作社的本性。

（3）社员经济参与

此原则主要涉及合作社资本的使用和管理，具体包含了四个基本点：

第一，合作社资本由全体社员联合民主控制。人们通过出资获取社员资格，合作社资本的保全、使用和增值的控制权要掌握在全体社员手中，合作社财务状况应该向社员公开、接受社员大会审议。这就意味着，从合作社的本性来说，资本只是合作社经营的必要工具，处于对社员的从属地位。

第二，合作社资本中应有一部分是合作社的共同财产。这部分资本是由合作社从其盈余中提取的公积金（reserve，本意为储备金、后备金）形成的，其用途一是弥补合作社亏损；二是发展合作社经营；三是转增社员股本，同样用于合作社发展。

第三，资本报酬有限。出资只是取得社员资格、获得合作社服务的条件,其直接目的不是像投资于公司股票那样获取投资回报。合作社的资本报酬不是由利润形成的投资回报,而只是使用资本的成本,即合作社对社员出资的机会成本给予的补偿,因而实行有限原则。这一原则再次强调合作社"人的联合"的本性,而非股份制企业那样的资本联合。也正因为合作社的资本报酬只是使用资本的成本,所以许多国家对它都给予免税待遇。

第四,合作社盈余分配的基本原则是:一方面根据社员的交易额进行返还;另一方面可以设立公积金,也可用于合作社或社员其他方面的发展。这里说的是合作社盈余分配的用途,考虑到世界各地合作社的差异,说法比较灵活。其中关键的一点就是通常说的"盈余按交易额返还"原则。根据规定,按照交易额返还的盈余一般应转入独立的会员账户。

(4) 自治与独立

此原则包含两个基本点:第一,合作社既是自助的也是自治的组织。自助体现合作社自力更生的精神,是自治的前提,否则就是"扶不起的阿斗";自治表明合作社的独立自主,是合作社自助的必然要求;社员控制则是保障合作社自助和自治的制度安排。第二,外部资本可以进入合作社,但必须以保证合作社的自治和独立为前提。这是合作社处理其外部关系的底线,合作社利用外来投资的条件就是不能突破其社员民主控制和自治这个底线。合作社不允许外部任何个人、组织或者机构对其实施控制的协议,否则,合作社就可能蜕变为企业,也可能成为国有企事业单位的附庸。

这里的难点是合作社如何处理好与政府的关系。在国际合作运动史上,西方发达国家对合作社的态度经历了从"被迫承认合法性"到"直接扶持"再到"提供服务"的演变,相应地,政府对于合作社的职能定位也经历了从"无为之手"到"扶持之手"再到"服务之手"的变迁(苑鹏,2009)。相对而言,亚非拉发展中国家的政府对于合作社发展的干预力度较大,合作社的自治与独立比较难以保持。

（5）教育、培训与告知

教育是指系统地传授和传播合作社知识和合作社文化，培育合作社意识。合作社内部和外部都要推行合作社教育，不少发达国家已将合作社教育纳入了小学开始的学校课程中。培训的重点是技能训练，对象是社员、选举产生的代表、管理人员和雇员，目的是"使他们能够有效地对合作社的发展作出贡献"。合作社内部培训不仅包括合作社知识和文化，而且包括技术、技能、营销、管理、公共关系和同政府沟通能力等。告知是指将合作社知识和文化面向社会公众进行广泛传播，重点传播对象是"年轻人"和"舆论带头人"。舆论带头人包括媒体、政治家、公众人物和教育工作者等。告知的目的是使公众理解和支持合作社，为合作社创造良好的社会支持环境。

（6）合作社之间的合作

为了使社员服务的效应达到最大化，《声明》设立了"合作社之间的合作"原则，其目的在于进一步开发合作社的潜力，增强合作社自力更生的实力和社会影响力，使合作社更具竞争优势。发展合作社之间合作的主要形式之一是合作社支持系统的建设。合作社支持体系既包括合作社的联合社，也包括通过特定的专业（诸如咨询、教育和培训、创业辅导、法律服务、会计服务和金融服务等）为合作社提供服务的专业合作社。需要注意的是，在推行合作社之间的合作、追求规模效益的同时，要处理好它同合作社自治和社员民主控制的关系，尽量找到二者间的平衡点。

（7）关注社区

此原则是指"合作社通过它们的社员认可的政策，为社区的可持续发展服务"。合作社的社员以及他们所从事的活动往往与所在社区息息相关。因此，尽管组织和参加合作社的根本目的是使用合作社的服务、满足社员自身的需要，但是他们也要关注社区在经济、社会、生态环境等方面的变革和成长，以促进社区居民生活质量的提高。"关注社区"是合作社"社会责任"价值的最直接体现。

合作社的七项基本原则是一个相互渗透、相互联系的有机整体，贯穿合作社组织运行的整个过程，既是合作社的组织规范，也是合作社的行为准则。相比较而言，前三项原则，是合作社的内部行为准则，也是整个合作社原则的核心；后四项原则，是合作社的外部行为准则，主要用于指导合作社处理与外部环境之间的关系。

2.2 农民专业合作社公共服务的来源、性质和可行性

2.2.1 来源：合作社价值和原则

从上述关于合作社界定的分析可以看出，"服务社员"是合作社根本的和唯一的宗旨，合作社价值和合作社原则的相关规定都是为了保障合作社"服务社员"宗旨的实现。从俱乐部产品理论来看，农民专业合作社为社员提供的服务是一种典型的"俱乐部式公共服务"（详见后文分析）。因此可以说，合作社价值和合作社原则构成了农民专业合作社公共服务的来源，合作社价值是合作社公共服务的价值来源，合作社原则是合作社公共服务的制度来源。合作社公共服务的来源构成如图 2.1 所示。

2.2.2 性质：俱乐部产品理论的判断①

农民专业合作社存在的使命在于为社员提供优质高效的公共服务，相比较而言，合作社基于"民主控制"而努力构造的"福利小屋"也是为了更好地"服务社员"。合作社为社员提供的服务是什么性质？何以可能和可行？合作社公共服务的直接理论依据来自于公共产品理论：俱乐部产品理论明确了合作社公共服务的性质，

---

① 以下关于合作社性质和可行性的论述已发表于张超、吴春梅：《合作社提供公共服务：一个公共经济学的解释》，《华中农业大学学报》（社会科学版）2014 年第 4 期。

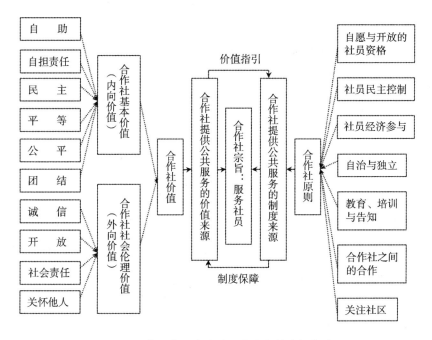

图 2.1　农民专业合作社公共服务的来源构成

而公共产品供给理论则解决了合作社公共服务的可能性和可行性问题。

现代经济学对于公共产品（Public Goods）的研究起点来自于 Samuelson。Samuelson（1954）将在消费中具有非竞争性和非排他性两个本质特征的物品界定为"公共产品"。Buchanan（1965）认为，Samuelson 提出的公共产品是"纯公共产品"，除此之外，市场中还存在许多介于公共产品和私人产品之间的具有不完全非竞争性和非排他性特征的"准公共产品"，如俱乐部产品。Buchanan 的"俱乐部产品"理论是对萨缪尔森经典公共产品定义的有力修正和补充：（1）俱乐部产品有两个基本特征：一是对内具有非竞争性，即在一定的规模下，会员数量的增加不会影响其他会员的消费质量；二是对外具有排他性，即俱乐部产品对俱乐部成员是非排他的，对非俱乐部成员却是排他的。（2）可以通过制度设计实现俱乐部产品的排他性。即运用收费、设限等技术手段就能够排除部分俱乐部外部成员的"搭便车"行为。（3）俱乐部产品具有动态变化性（刘磁军，2010）。此后，Hardin（1968）发表了题为《公地的悲剧》的著名论文，提出了称为"共同资源"或"公共池塘资源"的另一类准公共产品，共同资源与俱乐部产品的特征刚好相反——在消费上具有竞争性，却无法有效地排他。至此，在纳入俱乐部产品和共同资源之后，公共产品的分类理论基本形成。尤其是俱乐部产品理论逐渐成为公共经济学重要的分析工具。

俱乐部产品理论明确界定了合作社公共服务的性质：合作社作为一种由共同或相似需求的内部成员基于资源共享、互助合作的关系而建立的互助性的经济组织，是布坎南所说的典型的"俱乐部"组织，其为社员提供的公共服务是典型的俱乐部产品。合作社提供的俱乐部产品在一定的社员规模下具有非竞争性，同时可以通过社员资格、收取会费等技术设计或制度设置实现排他性，排除其他非社员农户的"搭便车"行为。从经济理性角度看，农民之所以有动机加入合作社，使用合作社提供的"俱乐部式公共服务"，其根本原因在于合作社可以带来农户个体单独作业不可能产生的规模经济效益——"合作盈余"（樊丽明、石绍宾、张靖会，2011）。合作社公共服务虽然是一种以特定受益人为服务对象的"俱乐部产品"，但其对外表现出的是一种"弱排他性"，其为社员提供的公共服务具有较强的外部经济效应。换句话说，合作社在追求更好地服务社员的过程中往往会通过与非社员农户交易、扩大自身的品牌影响力等行为而间接带动当地非社员农户、相关产业发展和农业科技进步。合作社的这种外部经济效应虽然会给其内部效率带来部分损失，但从总体上看，此举既可以增强合作社的合法性基础，也可以提升其总体效率。

2.2.3 可行性：公共产品供给理论的解释

公共产品供给理论是在其分类理论基础上发展起来的。经济学家坚信"产品本身的特性决定着产品供给的条件"，为了达到资源配置的最优状态，不同类型的公共产品必然要寻找最有效率的供给主体。由于准公共产品（俱乐部产品和共同资源）的"公共性"纯度不再具有绝对性，公共产品供给的制度安排就不仅仅是政府提供一种，市场及其他组织形式参与公共产品供给因此顺理成章。公共产品供给理论的发展原本是对政府宽泛服务的合理性做出解释，但在客观上却为政府之外的力量提供公共产品找到了依据。

合作社作为不同于政府和其他企业的特殊市场主体，其提供公共服务之所以可能，主要是由于其对政府和市场"双重失灵"现象的有效克服和补充。"市场失灵"是指市场机制在资源配置方面由于自身无法克服的弊端或者自身"能量"的限制，无法实现效益最大化，特别是在公共产品的供给方面会出现失灵。正如萨缪尔森（1991）所说，"市场经济是我们驾驭的一匹好马。但如果超过了马自身的能量限度，其作用发挥必然会大打折扣"。由于仅仅依靠市场运作，难以保证公共产品的充分供给，市场机制无法纠正外部性，市场失灵总会存在。然而，政府在克服市场失灵的过程中，自身也会存在"失灵"。"政府失灵"指政府作为"理性经济人"，由于短期利益动机支配、决策方式的制约和利益团体的压力等原因，其在提供公共产品过程中会出现双边垄断、资源浪费和预算最大化等问题，致使政府公共产品供给效率低下，最终造成政府运转"失效"或"失灵"。政府失灵在公共产品供给方面主要表现在政府公共政策的短期性、公共管理者的个人偏好对公众偏好的置换、公共产品的低效供给、政府公共产品的投入和动力不足等，这些都严重影响了政府在供给农村公共产品方面作用的发挥。公共产品的复杂性使政府和市场在公共产品供给方面均表现出了"心有余而力不足"的失灵现象，这就给以合作社为代表的其他主体提供公共服务创造了巨大的发展空间，在市场失灵、政府失灵和公共选择理论等的推动下，公共服务的多元供给理论逐渐形成，合作社作为不同于政府和市场的特殊组织，在理论上可以成为公共服务的重要供给主体。在国内外许多经济学家看来，合作社以其蓬勃的生命力将会在公共服务供给领域成为区别于政府和市场的"第三条道路"，发挥独特的作用。

针对政府和市场"双重失灵"问题，公共产品的多元供给理论提出的解决之道是将服务的规划者与服务的生产者分离，为合作社公共服务提供了现实可行性。埃利诺·奥斯特罗姆和萨瓦斯等经济学家因势而为，从公共服务的规划者与生产者相分离入手，提出了若干种公共服务供给的典型制度安排。埃利诺·奥斯特罗姆（2004）以美国地方公共服务为例，提出了 5 种不同的公共服务生产方式：政府自己直接生产、签约外包、特许经营、代用券、混合策略。萨瓦斯（2002）历时多年全面考察了 30 个国家的公共服务，提出了公共服务供给的 10 种相关的制度安排，其中公共部门作为服务生产者的有政府服务、政府出售、政府间协议等，私人部门作为服务生产者的有合同承包、特许经营、补助、自由市场、志愿服务、自我服务、票券制等。埃利诺·奥斯特罗姆和萨瓦斯等经济学家提出的公共服务多元提供模式或混合提供模式回答了合作社提供公共服务的可行性问题，合作社可以通过与政府等主体合作提供公共服务，也可以通过自我服务的方式独立地为社员提供公共服务。

总之，公共产品的供给理论主要解决的是合作社公共服务的可能性和可行性问题。合作社、政府、市场等供给主体在竞争和合作的长期博弈中确定了各自的分工和边界，从而形成了农村公共服务的多元供给模式（表2.1）。由于政府和市场都会由于自身无法克服的局限出现失灵，合作社提供公共服务成为可能，又由于合作社本身也存在"自愿失灵"的问题（"搭便车"等机会主义行为），合作社必须与政府、企业等主体合作提供公共服务。需要特别说明的是，在中国，各主体提供公共服务的边界会随着政府改革的推进和市场形势的变化而不断变迁，尤其随着当下政府部门"简政放权"的逐步推进，中国合作社的服务范围和服务空间必将不断扩大。

表 2.1 农村公共服务的多元供给模式比较

供给模式/ 供给主体	政府	市场	合作社	公益社会组织
供给目标	政治选票	货币选票	服务社员	公共利益
供给对象	中位选民	付费者	社员	特定群体
收费标准	中	高	低	低
资金来源	收费/税收	收费	收费/资助	收费/资助/募捐
供给内容	纯公共产品	准公共产品	俱乐部产品	准公共产品
供给层次	全国性 公共服务	全国/ 地方性公共服务	地方性 公共服务	地方性 公共服务
供给机制	强制机制	市场机制	自愿机制	志愿机制
供给问题	政府失灵	市场失灵	自愿失灵	志愿失灵
供给方式	独立/联合	独立/联合	独立/联合	独立/联合

在上述多元供给模式中，合作社作为以社员利益最大化为目标的农村公共服务供给主体，其提供公共服务的公共性介于市场主体和公益社会组织之间。相比较而言，合作社为社员提供地方性公共服务具有独特的优势：第一，与政府、市场和公益社会组织通常面对异质性服务对象不同，社员同质性（禀赋、偏好相同或相近）使合作社能尽可能降低交易成本、发挥规模效应。第二，合作社扎根农村基层，合作社普通社员与经营管理者通常来自本土本乡，相互熟悉，信息基本对称，可以有效减少其他供给主体提供公共服务过程中存在的代理人问题。这些优势使合作社在中国农村生根发芽并蓬勃发展，成为农村公共服务的重要供给主体。当然，随着合作社社员分化及异质性的增强，合作社的这些传统优势也都面临着不同程度的挑战，需要在新时期采取新的改革措施予以应对。

2.3 农民专业合作社公共服务的内容、特性和功能

2.3.1 农民专业合作社公共服务的内容

从合作社的界定可以看出，合作社的存在是为了满足人们的经济、文化和社会等多方面和多元化的同质性需求。合作社应该根据社员的具体需求提供有针对性的公共服务。因此，不同类型的合作社为社员提供公共服务有着不同的侧重点。例如，以生产服务为主的合作社主要为社员提供信息服务、良种供应等产前服务以及统一科学管理、病虫防治、农机购置及调配等产中服务；以运输和销售服务为主的合作社主要为社员提供运输和销售服务以及相关的配套服务；综合性合作社则为社员提供产前、产中和产后等系列社会化服务。Zvi Lerman（2004）认为，农民需要的上游和下游服务都可以由专业的合作社来提供。农业发展资金可以通过强调利润、储蓄和多样化的"产品—信用"内部联动安排来实现。

从世界主要发达国家来看，不同国家的合作社基于不同的国情，其提供公共服务的内容也不尽相同。以美国和加拿大为代表的美洲合作社主要为大农场主提供跨区域的销售、加工和信贷等服务，合作社的专业化水平很高，一般情况下一个合作社仅围绕一两种农产品开展专业服务。在美国，全国200万个农场主和牧场主中的大多数是3000多个农场主合作社的社员。这些农场主合作社包括销售合作社、议价合作社、供应合作社和农业信贷合作社等几种类型。销售合作社经营、加工和销售几乎每一种在美国种植、养殖和生产的农产品及其加工制品。议价合作社专门为农场主社员提供讨价还价服务，尽量为他们生产的农产品争取到合理的价格。农场供应合作社从事加工、销售或分配农场供应品和投入品，以及能源相关产品。农业信贷合作社包括名为"农场信贷系统"（Farm Credit System）的合作社联合社和银行，为农场主及其合作社提供有竞争力的贷款和其他金融服务（唐宗焜，2012）。以法国和德国

为代表的欧洲合作社则强调专业分工基础上的合作，每个合作社为农户提供单一类型的服务，各个合作社精确分工、相互配合，共同构成完整的社会化服务体系。在这种服务模式下，一个农户往往需要同时加入多个合作社。如法国的奶农往往会根据需要同时加入饲料合作社、配种合作社、加工合作社、信贷合作社四个合作社，从而获取系列服务。法国全国农村生产中的 75% 是至少参加一个合作社的社员，每三人中有一人是合作银行的成员。以日本和韩国为代表的亚洲合作社与欧美合作社模式有明显区别，它们一般以综合农协作为主要形式，致力于向社员提供综合性的公共服务项目。日本综合农协为社员提供生产指导、购买、销售、信贷、保险、设施共用、社会福利等全方位的生产和生活服务。日本大约 95% 的大米和 90% 的水产品是通过农协销售的[①]。对于农户社员而言，日本的基层综合农协俨然就是一个"小社会"，其服务涵盖了农民生产和生活的各个层面，成为推动日本农业和农村发展的重要力量。在韩国，农协拥有 200 多万农民社员，占农民总数的 90%；渔业合作社拥有 71% 的水产品市场份额。与发达国家的合作社相比，处于发展中的中国农民合作社的公共服务内容尚有很大的拓展和延伸空间。在实践中，中国合作社表现出服务领域狭窄、服务内容单一等不足，主要为农民社员提供生产、购买和销售等服务，加工、信贷以及信息和技术服务等相对短缺。

从理论上讲，合作社应该根据社员需求提供所有可能的公共服务项目，实现"应有尽有"。但在实践中，由于各种限制因素的存在，合作社公共服务可能不能满足社员需求。可能的情形包括：第一，合作社由于自身服务能力不足导致其不能提供足够数量的服务满足社员需求；第二，合作社虽然拥有足够的服务能力，但是由于其内部存在的代理人问题导致公共服务与社员需求错位；第三，合作社有足够的服务能力，代理人问题也不明显，但合作社由于经营

---

① 参见国际合作社联盟网站（www.ica.coop）

管理不善导致公共服务效率低下。这三个方面的因素都会限制合作
社公共服务目标的实现。因此，如何为社员提供足量、优质和高效
的公共服务，是合作社、政策制定者和学界需要共同解决的核心
问题。

2.3.2　农民专业合作社公共服务的特性

合作社的价值和原则作为其公共服务的来源，也同时决定了其
公共服务的特性。合作社公共服务的特性可以概括为以下三个
方面：

（1）合作社公共服务以社员需求为本

合作社作为"人的联合"，以"服务社员"作为根本和唯一宗
旨，满足社员需求是其公共服务的出发点和落脚点。合作社公共服
务具有良好的偏好显示功能，其公共服务的类型和内容能很好地体
现社员需求和集体偏好。"以社员需求为本"的特性主要表现为：
第一，从目标看，合作社公共服务从社员需求出发，以满足社员需
求和促进社员发展为根本目标。第二，从过程看，合作社在公共服
务供给过程中，通过建立完善的社员偏好显示机制，以保证社员能
够畅通地表达自己的意见和诉求。第三，从结果上看，在合作社公
共服务效率评价体系中，社员自下而上的评价占有重要地位。可以
说，是否以社员需求为本是合作社公共服务的底线标准。任何有关
合作社公共服务的制度设计和制度变革都必须建立在社员需求基础
之上。

（2）合作社公共服务具有非营利性特征

合作社作为一个"集体自私"的组织，具有对外营利、对内
非营利的特点，即面向市场开展的经营活动是以利润最大化为目标
的营利活动，而面向社员开展的农业生产资料购买、农产品销售、
加工、运输、贮藏以及信息、技术等公共服务是以社员利益最大化
为目标的非营利活动。对外的营利业务也是为了更好地为社员服
务。实际上，由于合作社公共服务的非营利性，合作社为社员提供

的一些公共服务业务就有面临亏损的风险。以日本综合农协（全称为"农业协同组合"）为例，日本农协为社员提供的购买、销售和技术指导等公共服务经常会发生亏损，其基本做法是通过信用、保险等营利性业务的收益补助其他亏损的公共服务业务，实现收支平衡。相比较而言，日本和韩国十分强调合作社公共服务的非营利性特性，将农协明确定位为"非营利性社团法人"；而中国将合作社定位为"互助性经济组织"，更多地强调其营利性的一面，在实践中易造成"服务社员"目标的偏离，这一点是本文将要重点解决的问题。

（3）合作社公共服务具有较强的"外部性"

主要表现为合作社公共服务效率的"正外部性"，这一点将在下一章具体阐述。

2.3.3 农民专业合作社公共服务的功能

合作社公共服务的功能是满足其成员需求的产物，也是合作社公共服务产生的客观结果。从合作社公共服务的内容和特性来看，合作社公共服务的功能可以从以下两个角度进行分析。

（1）经济功能和社会功能

按照合作社公共服务的内容和性质，合作社公共服务的功能可以分为经济功能和社会功能两个最基本的功能，分别对应社员的经济需要和社会需要。合作社成立之初，对于分散的农户社员而言，他们面临的是农业生产资料购买和农产品销售、运输等经济服务需求，合作社的经济功能占据主导地位。随着外部环境的变化和社员需求的多元化，单纯的经济功能已经不能满足社员需求和环境变化的要求，社会功能应运而生。这里所讲的社会功能是广义意义上的，既包括满足社员文化生活需求、促进民族和地区文化发展等文化功能，也包括代表社员表达政治诉求、促进公民社会发展等政治功能，更包括提升社员民主参与意识、增强社员之间的社会联系以及促进农民社员和政府之间的沟通等"社会"功能。正是社会功能的存在，使合作社不能被看作单纯的以盈利为目标的经济组织，而应被看作一个具有社会功能的经济组织。实际上，从合作社的形成来看，人们之所以组成合作社，是为了改变市场交易中的弱势地位，获得讨价还价的权力。正如曾任国际合作社联盟主席的沃特金斯所说的那样，人们组建合作社的最初目的是为了获取依靠个人力量无法实现的经济权力，合作社本身就是这样一种机制。在市场经济中，人们追求的经济权力主要是协商谈判权力（讨价还价权力，bargaining - power），联合或合作是实现这种权力的有效途径（唐宗焜，2012）。因此，合作社是市场交易中对谈判权力垄断者的抗衡力量。合作社的这种"组织农民获取谈判权力"的功能，不仅体现了合作社公共服务的经济功能，同时也体现了其社会功能。

从发达国家合作社公共服务的比较来看，欧美合作社更强调经济功能，日韩合作社则强调经济功能和社会功能并重。美国农业部在1987年受参议院农业拨款小组委员会委托所作的报告中声明："合作社仍然是农场主能够改善他们的经济状况的唯一最有效的途径。在农业合作社中，农场主通过他们建立、所有、控制和为他们自己利益经营的组织，共同处理他们的问题和寻求解决办法。这是合作的根本含义和美国人经济精神的实质。"[①] 此论断可以看作对美国农业合作社经济功能最精辟的表述。日韩合作社对于经济功能和社会功能并重的强调从农协与农民社会生活的紧密联系以及农协在社会发展中的地位均可以明显看出。中国的农民专业合作社对于经济功能的强调从名称中就能得到明显体现，即使是在《农民专业合作社法》中，合作社公共服务的社会功能也较少提及。在当前中国农村基层组织涣散、农民联系日益松散的情况下，如何促进合作社公共服务的社会功能的实现，理应成为一个重要研究课题。那么，在中国的合作社实践中，其社会功能实现的程度如何？农民社员对于合作社公共服务的社会功能又有着怎样的需求？这些都是

---

① 参见唐宗焜：《合作社真谛》，知识产权出版社2012年版，第75页。

本文试图回答的问题。

（2）服务社员和服务社区

按照合作社公共服务的特性和对象，合作社公共服务的功能可以分为服务社员和服务社区。服务社员是合作社的根本宗旨，服务社区则是合作社的基本价值和原则之一，也是合作社公共服务外部性的主要表现。

"服务社员"是指合作社为社员提供公共服务的内部功能，是合作社的核心功能。"服务社区"是指合作社为非社员和社区提供公共服务的外部功能，是合作社的"溢出"功能。如果说服务社员功能是合作社的安身立命之本，那么服务社区功能则是合作社为了适应环境变迁、获得公众认可和社会合法性而自然发展出来的重要制度设计。在社区成长和发展中，合作社可以发挥独特的作用，其积极功能已得到国际社会的普遍认可。农民合作社作为生长于农村社区基层的草根组织，可以通过提供多样化的社区服务，推动社区发展和更广泛意义上的制度革新和社会进步。合作社服务社员和服务社区的功能高度相关。一般而言，合作社社员规模越大，服务辐射范围越广，则其服务社区的功能越强。在发达国家中，农民合作社不仅覆盖了绝大部分的农户，而且吸引了越来越多的非农民社员加入，服务社区的功能展现得十分充分。在中国合作社目前的评价体系中，合作社对于非社员农户的带动能力是评价合作社发展水平的重要指标。

3 农民专业合作社公共服务
效率的理论分析框架

本章旨在建立一个农民专业合作社公共服务效率研究的理论分析框架，据此展开后文的理论和实证研究。具体而言，本章首先探讨公共服务效率的经济学和管理学解释，接下来分析合作社公共服务效率的特性，在此基础上提炼出合作社公共服务效率的内涵，最后构建合作社公共服务效率的分析框架、提出研究假设。

3.1 公共服务效率的理论解释

效率源自西方启蒙运动中的理性精神，是行动者精确化的"理性"计算的结果。"理性"（rationality）概念最直接的渊源是德国社会学家和政治经济学家马克斯·韦伯（Max Weber）。韦伯将理性分为工具（合）理性和价值（合）理性，前者强调实现行动者利益最大化的技术性手段；后者则强调行动所承载的价值目标和精神效用。在韦伯那里，二者是互斥的，是非此即彼的关系。从效率角度看，工具理性强调经济主体在经济活动中通过技术性手段实现工具性目标的最大化，而价值理性则强调经济主体在经济活动中通过对精神价值的追求实现价值性目标的最大化。二者都是以理性为目标，只是目标取向不同，前者追求工具性目标，而后者追求价值性目标。已有研究表明，工具效率和价值效率之间并非"二元悖反关系"，而是相互协调、相互促进的关系（吴春梅、石绍成，2011）[①]。因此，本文试图从工具效率和价值效率相结合的角度来研究效率。

据此，本研究以目标取向为分类标准，将效率分为工具效率和价值效率，前者是基于技术运作的效率，主要表现为经济主体在市场上的经济效率；后者是基于价值判断的效率，主要表现为对经济主体市场表现的满意率。具体到公共服务效率，经济学和管理学两大学科都对其进行了大量研究，工具效率和价值效率之间的关系也经历了从冲突到融合的缓慢变迁。

3.1.1 公共服务效率的经济学解释

经济学的效率理论经历了从古典经济学到新古典经济学再到现代经济学的演变，相应地，效率研究的重点也从市场效率转到企业效率。从古典经济学到新古典经济学，关注的重点都是市场效率，主要是指市场上的资源配置效率，即通常所说的"帕累托效率"，现代经济学研究的重点则是企业效率。企业效率由两类"子效率"组成：一是技术效率；二是配置效率（Farrell，1957；Whitesell，1994）。技术效率指企业对于既有资源的最优利用能力，即在既定的生产要素投入条件下企业达到的最大产能，或者在既定产出条件下企业使用最小生产要素投入的能力；配置效率则指企业在给定生产要素价格情况下达到最优的投入或者产出组合的能力（黄祖辉等，2011）。中国经济学者厉以宁（1999）也认为效率是资源的有效使用与配置。

当效率被用于测量公共产品和公共服务时，同样也包含了配置效率和技术效率。Samuelson（1954）较早提出了公共产品供给的帕累托最优解，也就是公共产品的配置效率。在他看来，如果公共

---

① 吴春梅、石绍成（2011）探讨的是村庄治理实践中民主与效率的关系，从概念内涵看，此处的"民主"相当于本文所讲的价值效率，而"效率"相当于本文所讲的工具效率。

产品的供给实现了帕累托最优解，则公共产品就实现了配置效率。鲍恩模型、林达尔均衡等经济理论模型的主要目标都是试图通过确定效率产量来探求公共产品供给的最优解，借以探讨公共产品（服务）配置的效率实现机制（翟军亮、吴春梅、高韧，2014）。不过，由于帕累托效率难以测量，经济学家开始关注投入产出意义上的"技术效率"。由此，以亨利为代表的一批经济学家主张重点研究公共产品的技术效率，即如何在公共产品供给中"以最小投入获得最大产出"。

无论是技术效率还是配置效率，其实都是一种工具效率。在大多经济学家将研究重点聚焦于工具效率的同时，一部分经济学家也开始把关注的目光投向了作为价值感受的价值效率。休谟和亚当·斯密等功利经济学家主张将"公平地"供给作为判断效率的基本标准。他们强调，如果公共产品供给能使最大多数人感到"最大幸福"，那么公共产品供给效率就实现了。布坎南甚至认为，效率完全是一种个人主观感受。巴泽尔指出，公共产品供给效率虽然由成本与收益的比较决定，但这种比较的基础是人们的主观效用或者偏好（李燕凌，2008）。Coase（1960）则将效率更明确地界定为"既定资源约束条件下的效用最大化"。中国经济学者樊纲（1994）也认为效率是社会利用现有资源进行生产所提供的效用满足程度，亦可称为资源的利用效率。以上学者眼中的最大幸福、最大效用或最大满意度，都是一种"价值效率"。

由此可见，经济学意义上的公共服务效率从目标取向上至少包含了两个层面的含义：一是指工具主义取向的经济效果，包括投入产出意义上的技术效率和资源有效组合意义上的配置效率，强调效率的客观经济产出；二是指作为公共服务使用者对于公共服务产出所产生的主观上的价值判断，强调公共价值意义上的主观的"效率"。从经济学研究实践来看，虽然人的欲望和人的选择行为都是经济学的研究对象，但作为价值判断的"效率"由于不稳定和难以测量等特点一直徘徊在经济学主流研究之外，更多的时候是作为辅助研究或者仅仅作为效率的影响因素。

3.1.2 公共服务效率的管理学解释

与经济学研究对于"价值效率"的忽视不同，由于一直聚焦于公共服务的目标和过程合理性研究，管理学对于公共服务效率的研究经历了从新公共管理理论到新公共服务理论，再到公共价值管理理论的视角转变，公共服务效率的研究重点也相应地从单纯的"工具效率"转向"工具"和"价值"相结合的效率。公共服务过程既包括技术优化和革新，也包括价值创造和传递（吴春梅、石绍成，2011）。

传统公共行政理论由于过度强调公共服务的工具效率而饱受批评。新公共管理理论虽然将公共服务效率的研究视野从一定程度上扩展至公民满意度、社会交代、社会资本等价值目标（Norman，2004），但仍然因强调"工具效率"至上而引致广泛的批评。彼得斯（2001）认为，政府应该关心更多的事情，而不应该只关心买和卖。政府治理的核心应是"公民"，而非经济利益。21世纪初兴起的新公共服务理论实现了公共服务效率研究从工具效率到价值效率的转变。新公共服务理论的创建者登哈特夫妇认为，应在民主、社区、社会资本、公共利益等变量组成的更广泛的分析框架中来研究公共服务效率（Denhardt R，Denhardt J，2003）。近年来兴起的公共价值管理理论，则由于对"公共价值"的全面回应使公共服务的"工具效率"和"价值效率"实现了从冲突到融合的根本转变。公共价值管理理论认为，寻找公共价值是公共价值管理的重要环节，是一个通过协商对话共同寻找解决方案的过程（Stoker G，2004）；政府应通过搭建沟通和协商平台、完善公共服务资源传递和配置网络来促进工具效率与价值效率的结合（Stoker G，2006）。因此，公共服务的过程也是寻找和创造公共价值的过程，公共服务的工具目标和价值目标统一于公共价值创造过程之中，"工具效率"和"价值效率"都应是公共服务效率的应有之义。

总之，综观经济学和管理学两大学科对于公共服务效率的理论分析，经济学研究偏重于公共服务的"工具效率"，对"价值效率"关注不足；管理学研究则逐步实现了公共服务的"工具效率"和"价值效率"的融合。本文立足于经济学和管理学对于公共服务效率的研究成果，结合合作社自身的组织特性，从"工具效率"和"价值效率"相结合的角度研究合作社公共服务效率。

3.2　农民专业合作社公共服务效率的特性

与一般意义上的企业效率或市场效率相比，合作社公共服务效率有两个基本特性：一是公共价值属性；二是外部性。前者主要来自于公共服务的固有属性，直接催生了合作社公共服务的"价值效率"；后者主要来自于合作社组织的特殊性，直接催生了合作社公共服务的"外部效率"。正是这两个基本特性的存在，使合作社公共服务效率的内涵变得更加丰富。

3.2.1　公共价值属性

从前文分析可以看出，合作社公共服务以社员公共利益最大化为目标，合作社追求公共服务效率的过程也是其寻找和创造公共价值的过程。合作社作为一种特殊的公共服务供给主体，兼具企业和共同体的双重属性。作为营利性的企业，合作社追求"利润最大化"；作为非营利的共同体，合作社追求"社员公共利益最大化"，与社员的业务是"在非营利或成本基础上"经营，在服务社员过程中通过对社员的低成本服务和基于惠顾的盈余返还以及服务社区和社会来实现其自助、公平、开放、社会责任等价值观。进一步分析我们会发现，合作社的基本价值和社会伦理价值，都是针对"公共"事务的价值规范，反映了合作社社员和社会公众的期望，因此是一种"公共价值"，而非"个人价值"。合作社公共服务效率的公共价值属性一方面来自于合作社价值；一方面来自于公共服务的公共价值创造过程。

（1）公共价值的界定

"公共价值"概念最早是于1995年由美国哈佛大学教授Moore在《创造公共价值：公共部门的战略管理》一书中提出的，认为政府管理的最终目的就是要为社会创造公共价值（Moore，1995）。之后不久该概念开始在学界流行。对公共价值的关注，本质上是对政府为主的公共组织的合法性和结果的关注。作为对新公共管理过分强调工具理性所带来弊端的修复，公共价值理论强调公共服务的公共价值属性，并将民主、公平、信任等公共价值融入公共服务的过程和结果之中。关于什么是公共价值，学界尚无统一的界定。现有文献对于公共价值的定义主要有两个角度：第一个角度是从公共价值的产生过程进行定义。例如，Moore（1995）认为，公共价值是否实现取决于公众的意愿和判断。如果在追求价值的过程中，公共服务资源通过合理配置实现了价值创造目标，那么公共行为就是有效率的。Stoker（2006）认为，公共价值创造过程是在公共服务各相关利益主体偏好集合基础上通过民主协商过程实现的，是各主体之间的社会交换过程，也是一种利益博弈过程。第二个角度是从公共价值的内容和构成要素进行定义。例如，Kelly et al.（2002）认为，公共价值由三个核心要素构成：一是服务的价值。首先保证公共服务资源能够被公平公正地传递。二是产出的价值。除了绩效目标之外，还包括公共服务供给网络等抽象的价值。三是信任与合法性。信任在公共价值中处于核心地位，即使服务质量和结果目标都达到了，信任的失败也将毁坏公共价值。Benington（2009）则认为公共价值应包含四个方面的内涵：一是生态价值，其基本生成途径是减少"公共废品"、促进社区可持续发展；二是政治价值，其基本生成途径是动员公众参与、搭建民主协商平台；三是经济价值，其基本生成途径是增加交易量、促进就业、提升经济活力；四是社会和文化价值，其基本生成途径是积累社会资本、促进社会合作、强化社会联系，加强文化认同以及增进个人幸福感和社会福利等①。还有一些学者认为公共价值应包括秩序维护、制度革新、社会发展等更广泛意义上的含义。虽然学术界对于"什么是公共价值"观点不一，但普遍认同公共价值是公众的一种期望或获得的一种效用。

（2）公共价值属性的表现

合作社公共服务效率的公共价值属性贯穿于合作社服务社员的整个过程，主要表现为：第一，目标和结果的公共价值导向。从目标上看，合作社作为兼具企业和共同体双重属性的经济组织，其提供公共服务不仅需要通过市场竞争追求工具目标，同时还需要追求公平、满意度、信任等价值目标。目标的公共价值导向是合作社制度合法性的基础。从结果上看，合作社作为扎根于当地社区的草根组织，不仅要追求获取利润、增加社员收入等工具性结果，也要追求提升社员民主意识、加强社员社会联系、增强信任和改善社区环境、促进社区可持续发展等社会、政治、文化方面的价值性结果。第二，内部和外部的公共价值追求。从合作社内部来看，合作社需要了解社员的服务需求和偏好，促进社员民主参与和信任合作；从合作社外部来看，合作社还需要带动当地产业发展和闲散劳动力就业、促进政府和农户之间的沟通。合作社公共服务效率的公共价值属性已经进入中外学者的研究视野。如美国社会学家英格尔斯（1985）通过对孟加拉国的"库米拉"农业合作社和以色列的"莫沙夫"农业合作社的考察，发现入社后农民的参与感、效能感和主体意识增强。因此，农业合作社促成了农民的现代性。中国学者董进才（2009）通过31个浙江省省级示范合作社的实证调查，表明合作社的发展有利于培养农民健康向上的政治态度和民主参与意识；合作社发展程度越高，这种教育功能越强。

公共价值作为合作社公共服务效率的基本属性，直接催生了合

---

① 参见王学军、张弘：《公共价值的研究路径与前沿问题》，《公共管理学报》2013年第2期。

作社公共服务的"价值效率",使"工具效率"和"价值效率"统一于合作社公共服务的公共价值创造过程之中。

从理论上界定合作社公共服务的公共价值属性具有重要意义。关于合作社的已有文献中对于公平、民主等相关的公共价值因素已有较多的分析,但对合作社公共服务效率的公共价值属性一直缺乏清晰的界定和系统的论述。公共价值属性是合作社与生俱来的固有属性,也是合作社区别于以利润最大化为目标的投资者所有企业(IOF)的根本属性。由于"新一代合作社"的出现,对于合作社未来的发展方向,国外学术界也出现了大量争论,欧美合作社的发展正处于制度变革的十字路口;而国内的农民专业合作社虽然处于蓬勃发展的时期,但由于实践中出现了大量不符合合作社规制的现象,也面临持续健康发展的严峻考验。在此背景下,探讨合作社公共服务效率的公共价值属性对于重新解读合作社的价值观、探讨合作社价值与合作社制度革新之间的联系、引入公共价值重新建构合作社的评价体系都具有更加特殊的意义。

3.2.2　正外部性

"外部性"(externalities)是由马歇尔、庇古等经济学家提出的一种经济现象,指的是个人、企业等经济主体在经济活动中对他人(旁观者)的福利产生的一种正面或负面的影响。当经济主体的经济活动给他人带来好处,但自身的付出却难以从中获得足够的补偿,这种形式的外部性被界定为"正外部性";当经济主体的经济活动给他人造成损失,但自身却无法为此支付足够的补偿,以抵偿这种损失造成的危害,这种性质的外部性被界定为"负外部性"。

合作社公共服务效率具有较强的正外部性,这种正外部性主要来自于合作社的价值和原则。合作社价值中有"社会责任"和"关怀他人"的社会伦理价值,相对应地,合作社原则中有"教育、培训与告知"和"关注社区"的原则,这些都导致合作社公共服务效率具有较强的正外部性特征。合作社公共服务虽然是一种以特定受益人为服务对象的"俱乐部产品",但其对外表现出的是一种"弱排他性",其在追求更好地服务社员的过程中往往会通过与非社员农户交易、扩大自身的品牌影响力等行为而间接带动当地非社员农户、相关产业发展和农业科技进步。换句话说,合作社在服务社员的过程中,通常会产生辐射带动非社员农户、促进社区可持续发展,甚至推动社会进步等一系列溢出效应。

合作社公共服务效率的正外部性还表现在其独特的"竞争准绳效应(Competitive Yardstick Effect)"。Nourse(1995)认为,合作社不是借助农业垄断地位提高农业生产效率的组织形式,而是一种衡量市场竞争效率的准绳。人们通过建立合作企业参与市场竞争,促进非合作企业提高效率,从而达到检验市场竞争效率的效果,促进社会整体经济效率的最大化。竞争准绳理念相信:合作社作为一种兼具企业和共同体双重属性的组织,当其与利润最大化企业(IOF)共存于一个市场之中时,合作社的存在可以有效破除IOF的市场霸权,从而使市场竞争更充分,进而提升不完全竞争市场的效率和增进总体经济社会福利(Sexton & Iskow,1993)。显然,竞争准绳效应的受益者并不是合作社成员,而是那些保持着对其他厂商惠顾的农户和广大消费者。可见,合作社公共服务的这种"利他行为"表明了合作社对于社会总体福利的贡献度,是合作社公共服务的"外部效率"。

3.2.3 区域性

除以上特点外,合作社公共服务效率还表现出一定的区域性特点:一方面,不同地区的合作社,其合作社公共服务效率的侧重点不同,表现出很强的"地方性"特点。从世界范围看,以美国、加拿大为代表的美洲合作社、以德国、法国为代表的欧洲合作社和以日本和韩国为代表的亚洲合作社,其公共服务效率都呈现出不同的区域性特点(详见第7章)。另一方面,各地公共服务效率呈现出不均衡性。这种不均衡性的产生既有区域经济发展水平、农业基础设施建设、产业集群等宏观经济社会环境的原因，也有区域合作社的发展传统、农民的参与程度、"村庄精英"的成长等"地方性共识"的原因。在中国，由于合作社对于政府政策的依赖较大，而地方政府对于中央农业政策通常采取"选择性执行"的策略性行为。因此，地方政府的农业发展战略和政策重点对于合作社公共服务效率优劣往往具有决定性的影响。鉴于其明显的区域性特点，我们有必要建立区域合作社公共服务效率的评价指标体系，以此为基础进行区域比较研究，横向考察各地在合作社公共服务方面的异同点，探讨各区域合作社公共服务效率提升的基本规律，为区域合作社发展及相关农业政策的制定提供参考依据。

3.3　农民专业合作社公共服务效率的内涵

合作社致力于为其成员提供高效的俱乐部式公共服务，"服务社员"是合作社的根本和唯一宗旨，也是合作社所有经营服务活动的出发点和落脚点。合作社效率是合作社在实现"服务社员"宗旨过程中所形成和呈现出来的效率，无论是从效率的目标取向，还是从效率的影响范围来看，都应该是"公共服务效率"。因此，应将农民专业合作社的"公共服务效率"作为评价其发展水平的基本依据，将合作社效率等同于合作社经营效率或经济效率的做法是片面的，以此为出发点开展的合作社效率研究不能呈现合作社效率的全貌，也难以体现合作社服务社员的宗旨。

根据以上分析，本研究认为，农民专业合作社公共服务效率是合作社在既定公共服务资源约束（预算约束）下，为追求社员服务最大化目标，所实现的公共服务的最大产出。从效率目标取向角度看，这种产出结果包括以工具合理性为取向的"工具效率"和以价值合理性为取向的"价值效率"；从效率影响范围角度看，这种产出结果包括服务社员的"内部效率"和服务社区和社会的

"外部效率"。因此，农民专业合作社公共服务效率应是一个"综合效率"的概念，为此建立的测量评价指标体系应同时容纳"工具—价值"效率和"内部—外部"效率指标。

3.3.1 "工具效率"和"价值效率"

工具效率是合作社以工具性目标为取向，在扩大经营规模、追求利润最大化、带动地区经济发展等方面的产出结果，主要呈现合作社作为企业性质的经济主体所具有的可以量化的市场效率。从效率评定角度看，工具效率主要通过收入、盈余、销售额等经济指标衡量，是对合作社市场表现的客观评定，因此也是一种客观效率。

价值效率是合作社以价值性目标为取向，在提升社员间信任、促进社员民主意识提高、促进政府与农民之间的沟通等公共价值意义上的产出结果，主要呈现合作社作为共同体性质的社会主体所具有的难以量化的非市场效率。从效率评定角度看，价值效率主要通过满意度、民主意识等社会发展指标衡量，其形成来自于公共服务使用者（社员）自下而上的主观价值判断，因此也是一种主观效率。从公共价值角度看，合作社公共服务最终有没有创造公共价值、创造了多少公共价值，都需要由作为服务使用者的社员来决定，而非由政府部门或合作社的负责人来决定。因此，社员认为有价值的才是有效率的。合作社公共服务的价值效率是其与投资者所有企业（IOF）的根本区别。

需要指出的是，这里所说的工具效率和价值效率与通常所说的经济效率和社会效率的分类不同。经济效率与社会效率的主要划分依据是效率的外在表现形式，都是经济活动的市场表现，也都可以通过客观的技术指标来衡量。而工具效率和价值效率的分类依据是效率的目标取向，工具效率强调效率市场表现的技术手段，主要通过客观技术指标衡量；价值效率强调效率市场表现的价值判断，只能通过主观评价指标衡量。

3.3.2 "内部效率"和"外部效率"

内部效率是合作社为追求社员收益最大化而产生的服务社员的效率，可通过经营管理和服务社员等指标来衡量，是合作社持续发展的立足之本。外部效率是合作社在服务社员过程中所"溢出"的服务社区和社会的效率，可通过社区服务和社会影响等指标来衡量，反映了合作社在带动非社员农户和促进地区经济社会发展等方面的社会影响力。外部效率是合作社公共服务效率"正外部性"的表现，体现的是合作社为社员提供公共服务的外部经济效应。从组织制度理论角度看，合作社公共服务的外部效率作为衡量合作社对地区总体福利的贡献度的重要标准，是合作社不断适应制度环境、迎合社会和公众期待的结果，也是合作社获得政府和社会支持、得以持续发展的合法性基础。

"工具—价值"效率和"内部—外部"效率是从不同标准对合作社公共服务效率所作的分类，前者基于效率的目标取向，后者基于效率的影响范围。两类效率是相互联系、相互嵌入的关系，如工具效率既可以表现为服务社员的内部工具效率，也可以表现为服务社区和社会的外部工具效率；同理，内部效率既可以是来自客观评价的工具效率，也可以是来自主观评价的价值效率。

3.4 农民专业合作社公共服务效率的研究视角

从以上合作社公共服务效率的特性可以看出，合作社公共服务效率不仅具有正外部性，还具有区域性和公共价值属性。以往合作社效率研究主要是针对作为个体的合作社的工具效率，较少涉及某一区域合作社的工具效率和作为整体的合作社的价值效率，更少涉及作为个体的合作社的综合效率。为了更好地考察合作社公共服务效率的全貌，本文为合作社公共服务效率研究设置了三个视角：区域视角、社员视角和组织视角。

第一，区域视角。区域视角针对合作社公共服务效率的区域性特点，根据政府部门和合作社负责人提供的统计数据，重点考察某一特定区域合作社公共服务的总体工具效率，旨在从相对宏观视角分析某一区域合作社的公共服务效率的总体水平，为典型合作社的公共服务效率的微观研究打下基础。关于合作社效率的已有研究中对于区域视角现有涉及，本研究在弥补以往研究不足的同时，也期望能为当前正在推进的"合作社示范区"建设提供政策依据。

具体而言，区域视角采取从全国合作社到地方合作社的分析逻辑。首先，从政府支持情况、合作社发展水平和合作社成员特性三方面分析合作社公共服务效率的全国性总体环境条件，厘清区域合作社公共服务效率提升的支持和限制条件；其次，分析浙江省合作社公共服务的区域特点，尝试建立区域合作社的公共服务效率评价指标体系，并通过浙江省 11 市的指标数据进行测算验证；最后，说明区域合作社公共服务效率指标体系的应用，进行分区比较研究。由于区域视角研究的主要数据来源是合作社自查自评和农业主管部门的统计资料，因此本部分重在考察浙江省各区域合作社公共服务的总体工具效率水平，同时反映效率表现维度的内部效率和外部效率。

第二，社员视角。社员视角针对合作社公共服务效率的公共价值属性，根据合作社社员自下而上的满意度评价数据，重点考察典型合作社的价值效率。"中小社员"是指合作社中相对于"核心社员（精英农户、农业资本家）"而言的经营规模小、惠顾额小的普通农户社员，在数量上是合作社的绝对主体，也是合作社的主要服务对象。但随着合作社异质性的增强以及社员利益的分化和冲突，中国的合作社社员在合作社参与中逐渐背离了所有者、管理者和惠顾者身份同一性的经典角色要求，核心社员成为合作社的实际控制者，中小社员被边缘化，在合作社中逐步生成中国特色的"核心—外围"关系。已有研究中为数不多的关于中小社员视角的定性研究都被淹没在数量庞大的核心社员视角的研究文献中，使中小社员面目模糊。为此，本研究对社员视角进行专题论述，考察中小社员的服务偏好和需求，并以此为合作社公共服务综合效率的评价指标体系设计和影响因素分析做好铺垫。

具体而言，社员视角从中小社员视角出发，以浙江省 290 户中小社员为研究样本，假设"中小社员的满意度越高，则合作社公共服务效率越高"，用"中小社员对合作社的公共服务满意度"代表合作社公共服务的价值效率，重在呈现中小社员的服务需求。一方面，对合作社公共服务的总体供需状况进行分析；另一方面，从合作社特性、合作社服务过程和合作社服务结果三方面对影响因素进行实证研究。由于中小社员视角研究的主要数据来源是社员的主观价值判断，因此本部分重在考察中小社员所在的 26 个典型合作社公共服务的整体价值效率水平。

第三，组织视角。组织视角主要从合作社组织角度研究作为个体的合作社的"综合效率"，是本研究的重点。组织视角以区域视角和社员视角的研究为基础，全面考察合作社公共服务的工具—价值效率和内部—外部效率，在建立综合效率评价指标体系对合作社公共服务效率进行测量的同时，进行影响因素分析，所得实证研究结论是后文对策分析的直接依据。

具体而言，组织视角首先构建农民专业合作社公共服务"综合效率"指标评价体系，同时涵盖工具效率和价值效率、内部效率和外部效率。其次，根据指标体系对浙江省 26 个典型合作社的综合效率水平进行测量评估，并从成员特性因素、服务过程因素和服务环境因素三方面对其影响因素进行实证研究。最后，提出提升合作社公共服务综合效率的对策建议，为后文分析提供实证依据。

3.5 理论分析框架的构建

本研究理论分析的基本思路为：以合作社理论和公共服务理论为基础，根据公共服务效率内涵和合作社公共服务效率特性，分别根据目标取向标准和影响范围标准，将合作社公共服务效率分解为工具—价值效率和内部—外部效率。由此，本文认为，农民专业合作社公共服务效率应是一个涵盖工具—价值效率和内部—外部效率的"综合效率"。以往关于合作社效率的研究过分注重作为个体合作社组织层面的工具效率，至少在三方面存在研究不足：一是尚未发现区域合作社总体层面的效率研究；二是对于社员层面的合作社价值效率研究相对缺乏，尚未进入经济学主流研究视野；三是合作社组织层面的效率研究较少关注工具效率和价值效率的结合。为此，本研究设置了区域视角、社员视角和组织视角，依次从区域合作社总体层面的工具效率、典型合作社社员层面的价值效率和典型合作社组织层面的综合效率三个层面刻画合作社公共服务效率的逻辑结构。从三个视角的逻辑关系看，前一个视角都是后一个视角的基础，三个视角既相对独立，又相互印证。从效率研究的方法论看，三个视角都是先进行效率测评研究后进行效率的影响机制分析，全文最后据此探讨效率优化的激励机制。合作社公共服务效率的理论分析框架可用图 3.1 表示。

3.6 研究假设

针对以上分析框架中的实证研究部分，本研究提出以下几点理论假设：

假设 1：从区域视角看，可从管理服务、经营服务和示范服务三方面构建区域合作社公共服务的"工具效率"评价指标体系；浙江省区域合作社的公共服务效率总体水平偏低，各区域之间发展不平衡、区域分异明显，区域合作社的公共服务效率水平与区域经济发展水平之间呈显著的正相关关系。

假设 2：从社员视角看，合作社公共服务的"价值效率"偏低，合作社公共服务供需结构失衡；合作社特性因素、合作社服务过程因素和合作社服务结果因素均对合作社公共服务的价值效率有

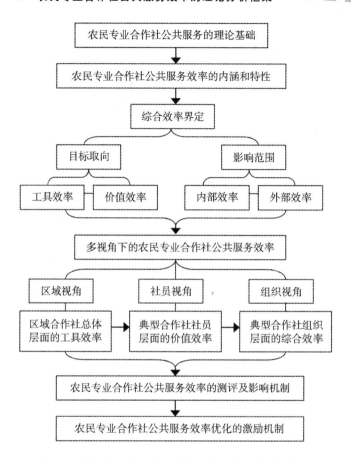

图 3.1 农民专业合作社公共服务效率的理论分析框架

显著影响。具体而言，从合作社特性来看，示范等级和社长声誉对合作社公共服务效率有显著的正向影响；政府部门发起、企业发起、村干部发起和大农发起的合作社均比小农发起的合作社有更高的效率。从合作社服务过程来看，政府扶持、财务公开、经营管理、民主参与、培训次数和服务多样化程度等因素均对合作社效率有显著的正向影响。从合作社服务结果来看，增加收入和提高产业规模等经济服务功能比增强农户间信任和促进政府与农户间的沟通等社会服务功能具有更高的效率。

假设 3：从组织视角看，可从经营管理、社员服务、社区服务和社会影响四方面构建合作社公共服务"综合效率"评价指标体系；浙江省合作社公共服务综合效率的水平较低，无论是从工具效率和价值效率来看，还是从内部效率和外部效率来看，合作社示范等级越高，则其效率水平越高；成员特性因素、服务过程因素和服务环境因素均对合作社公共服务效率有显著影响。具体而言，从成员特性来看，政府部门发起、企业发起、村干部发起和大农发起的合作社均比小农发起的合作社有更高的效率；从服务过程来看，社员监督、服务频率和组织培训等因素均对合作社效率有显著的正向影响，实行"一人一票"决策方式的合作社比实行"一股一票"和"一人一票和一股一票相结合"的决策方式的合作社有更高的效率；从服务环境来看，产品认证、示范等级、社员满意、政府扶持和政府监督等因素均对合作社效率有显著的正向影响。

4 区域视角:农民专业合作社公共服务的总体工具效率

区域视角是对农民专业合作社公共服务效率的区域性特点的直接回应,重点考察总体层面的工具效率,为典型合作社层面的效率研究打下基础。首先,从政府支持情况、合作社发展水平和合作社成员特性三方面分析合作社公共服务效率的全国性总体环境条件,厘清区域合作社公共服务效率提升的支持和限制条件;其次,在分析浙江省合作社公共服务的区域特点基础上尝试建立区域合作社的公共服务效率评价指标体系,并通过浙江省 11 市的指标数据进行测算验证;最后,说明区域合作社公共服务效率指标体系的应用。

4.1 全国农民专业合作社公共服务效率的环境条件

合作社是一种对于周围环境具有很强的"防御性"应激反应的组织(Cook,1995),从组织环境角度来看,合作社的出现就是不断调整自己以适应环境的产物。合作社的生存和发展取决于其能否持续地与环境保持一致和平衡。合作社提供有效的公共服务离不开一定的环境条件。这种环境条件既包括所有组织都要面临的政治、经济、技术和社会环境等一般工作环境,也包括对合作社公共服务效率产生直接影响的合作社发展政策、合作社发展水平和合作社成员特性等具体工作环境。从一般工作环境来看,中国多年来政治稳定、宏观经济运行良好、农业技术革新迅速,这些环境因素都对合作社公共服务效率提升具有显著的推动作用。但从具体工作环境来看，各种环境因素却同时表现出"两面性"的特点，既可能成为合作社公共服务效率提升的支持条件，也可能成为合作社公共服务效率提升的限制条件。下面从政府支持情况、合作社发展水平和合作社成员特性三个方面对合作社公共服务效率产生直接影响的具体工作环境展开分析。

4.1.1　农民专业合作社发展中的政府支持情况

中央"一号文件"历来是中央政府农业政策的"风向标"。自从 2004 年中央"一号文件"第一次明确提出"鼓励发展各类农产品专业合作组织"以来，此后多年的"一号文件"都聚焦合作社发展。尤其是从 2012 年至今，中央"一号文件"连续四年聚焦合作社的规范化建设。2012 年中央"一号文件"明确指出要继续加大力度鼓励和支持农民专业合作社的建设与发展，并就合作社发展进行专门部署；2013 年中央"一号文件"将合作社定位为"引领中国农业生产经营体制创新的重要主体"，加强示范建设、加大项目支持、推动金融创新、推进人才培养成为当年推动合作社发展的最大亮点，各级示范社成为政策扶持重点；2014 年中央"一号文件"强调财政支持农民合作社创新试点，并引导发展农民专业合作社联合社；2015 年中央"一号文件"继续强调对合作社改革的支持力度，强调引导合作社拓宽服务领域、深入推进示范社创建行动，鼓励农民以土地经营权入股合作社。连续多年的利好政策是合作社公共服务效率提升的最有力的支持条件。

虽然合作社得到政府部门的大力扶持，中央文件多次强调加强对合作社的信贷支持，但具体到政策落实层面却呈现出相反的景象：从 2011 年至 2013 年，获得财政扶持资金的合作社占比从5.6%下降到3.9%（见表4.1）。获得财政支持的合作社比例较低，贷款难仍然是制约合作社公共服务水平的重要因素。郭红东等（2011）针对浙江省285家合作社的调查表明，47.6%的合作社认为从正规金融机构获得的信贷资金远远不能满足其发展需要，42.4%的合作社寻求从非正规金融机构贷款①。由此可见，从政府支持情况来看，虽然各地政府都大力扶持合作社发展，但如何落实信贷资金仍然是提升合作社公共服务效率水平需要解决的迫切问题。

4.1.2 农民专业合作社的发展水平

全国合作社总体上处于发展的转型期，在社员结构、服务领域、合作方向等方面都逐步开始转型，部分合作社尝试通过合并重组提升自身服务能力。根据农业部统计，截至 2013 年年底，全国 88.41 万家合作社共有社员 4776 万个。从事产加销一体化服务的合作社比例达到 52.4%；各地的联合社达到 6000 多家、联合会也超过 2000 家。合作社内部和外部合作联合的趋势不断增强是近年来合作社发展的最大亮点，也是合作社转型的一个强烈信号。

合作社转型发展给合作社公共服务效率的提升提供了良好机遇，但与此同时，全国合作社总体上仍处于"弱、小、散"的初级发展阶段，服务能力有限，这又给合作社公共服务效率的提升带来了限制。从表 4.1 可以看出，虽然合作社数量快速增长，但其总体上仍处于"弱、小、散"的"粗放型"发展阶段：从 2011 年至 2013 年，社均成员数、社均可分配盈余、规范化合作社占比以及社均带动非社员农户数等核心指标均逐年下降，2013 年社均成员 54 个、社均可分配盈余 8.7 万元、规范化合作社占比 10.3%、社均带动非社员农户数 69 户。从全国合作社公共服务的内容可进一步看出，合作社公共服务产业链短小，从事仓储、运销和加工等服务的合作社比例过低（见表 4.2）。合作社个小力弱，难以"抱团"面对市场竞争，服务能力严重受限，极大地制约了合作社公

---

① 如无特别说明，本章关于全国合作社的数据资料均来自农业部农村经济体制与经营管理司（经申请公开）。

共服务效率的提升。

表 4.1　　　2011—2013 年全国农民专业合作社的发展趋势

年份	总数（个）	社均成员数（个）	社均可分配盈余（万元）	规范化合作社占比（%）	产加销一体化的合作社占比（%）	社均带动非社员农户数（户）	获得财政扶持的合作社占比（%）
2011	508920	68	9.7	12.8	52.3	105	5.6
2012	633719	70	9.2	11.1	52.2	89	5.0
2013	884089	54	8.7	10.3	52.4	69	3.9

表 4.2　　　农民专业合作社公共服务的内容（2013）

服务内容	合作社数量（个）	所占比例（%）
产加销一体化服务	463177	52.4
生产服务为主	245800	27.8
购买服务为主	35253	4.0
仓储服务为主	7405	0.8
运销服务为主	25400	2.9
加工服务为主	19203	2.2
其他服务	87851	9.9
合　计	884089	100

4.1.3　农民专业合作社的成员特性

合作社成员特性因素对合作社公共服务效率提升的影响同样表现出"两面性"，一方面，合作社团体成员数稳步增长，可能对合作社公共服务效率的提升具有重要支持作用。另一方面，合作社成员身份多元和异质性增强也可能会成为合作社公共服务效率提升的限制条件。

黄祖辉、高钰玲（2012）研究表明：成员构成因素显著影响合作社服务功能的实现程度。与普通社员相比，企业、事业单位等团体社员在经济、人力、社会资源等方面拥有明显优势，团体社员的加入,可以给合作社带来积极的成长、有效实现其服务功能。同时,合作社服务功能能否高效实现,往往很大程度上决定于该合作社中是否存在从事其上下游产业链相关业务的企业。据农业部统计,全国农民成员数由 2012 年的 85.9% 下降至 2013 年的 82.4%(普通农户社员占比 79.2%,专业大户及家庭农场成员占比 3.2%);相应地,企业等团体社员数则由 2012 年的 0.5% 上升至 2013 年的 1.1%,达到近 50 万个(见表 4.3)。可以预见,合作社团体成员数稳步增长将会对合作社公共服务效率的提升具有重要支持作用。

表 4.3   农民专业合作社的社员构成 (2013)

社员成分	社员数量（个）	所占比例（%）
普通农户	37828324	79.2
专业大户及家庭农场成员	1539544	3.2
企业成员	265271	0.6
其他团体成员	223791	0.5
其他个体成员	7903460	16.5
合　计	47760390	100

虽然团体社员数增长对合作社公共服务效率有支持作用,但异质性增强也可能会限制其公共服务效率水平。如表 4.3 所示,从合作社社员的构成看,合作社成员身份逐步出现多元化,异质性明显增强。目前国内外大部分学者都认为成员异质性会对合作社发展产生负面影响。例如,国外学者 Fulton(1999)和 Bijman(2005)都认为,成员异质性会带来合作社治理结构不透明、决策难度加大以及成员合作意愿降低等问题。国内学者崔宝玉(2011)、韩喜平和李恩(2011)、王国敏和翟坤周(2012)等也都认为,由合作社成员异质性产生的中小社员和核心社员的利益分化和冲突,将会导致其公共服务过程中集体行动的失败。

总体而言,从合作社公共服务效率的环境条件看,其中的环境因素既有可能成为其公共服务效率提升的支持条件，也有可能成为其公共服务效率提升的限制条件。支持条件和限制条件并存使合作社公共服务效率水平具有很大的不确定性，尤其是众多限制条件的存在可能导致合作社公共服务效率水平较低。实际上，从以往文献关于合作社经济效率（工具效率）的研究来看，学者们普遍得出当前中国合作社效率水平较低的结论。例如，张梅（2008）对黑龙江省合作社的抽样调查和刘滨等（2009）通过对江西省合作社的抽样调查均发现，合作社的总体效率水平偏低；黄祖辉等（2011）通过对浙江省896家合作社的实证研究表明，目前合作社的总体效率水平较低，造成这一现象的根源在于合作社规模较小；扶玉枝（2012）对浙江省1041家样本合作社的研究也表明，合作社的整体效率水平较低。虽然以往研究尚未涉及合作社的公共服务效率，但由于合作社经营效率是其公共服务效率的基础，因此可以说合作社公共服务效率具有较低的预期，其公共服务效率的实际状况有待实证研究验证。

4.2 浙江省农民专业合作社公共服务的区域特点

浙江省农民专业合作社在全国范围内具有典型样本意义。全国农民专业合作社的分析虽然能说明合作社的总体状况，但不能反映合作社发展的区域性和个体特点，本文选取浙江省合作社为观测样本，期望借以考察合作社公共服务效率的区域视角、社员视角和组织视角。浙江省是合作社的发源地之一，合作社发展水平位居全国前列，合作社发展史上的多个"第一"都出现在浙江：浙江省是农业部确定的第一个专业合作经济组织发展试点省；2000年，全国第一家工商登记的专业合作社在台州温岭诞生；2004年，全国第一部合作社地方性法规在浙江出台；2009年，全国第一家省级合作社联合会在浙江成立。无论是地方政府对于合作社制度设计的探索，还是合作社对于股份合作制的自发尝试，浙江省在全国均属于"先发地区",其发展过程中的经验和教训对"后发地区"的合作社发展具有很好的借鉴作用。与此同时,近年来学术界关于浙江合作社的相关理论和实证研究也位居全国前列,尤其是浙江大学中国农村发展研究院形成了以黄祖辉教授领衔的学术群体,一批学者多年来致力于浙江合作社的研究,这也为本文研究提供了很好的"参照系"。因此,浙江合作社发展在全国具有典型的样本意义。鉴于此,以下本文关于合作社公共服务效率的区域视角、中小社员视角和组织视角的研究均以浙江省合作社为样本。

4.2.1　农民专业合作社的发展水平

从合作社发展水平看,虽然在全国处于前列,但仍处于初级发展阶段,同样存在"弱、小、散"的问题,限制了其公共服务效率的提升空间。

(1)合作社规模和形态特点。截至2013年年底,浙江省依法登记的农民专业合作社为3.74万家,自2008年以来平均每年增长近6000家;合作社实有社员总数108万个,带动非社员农户417万户,总计服务和带动全省50%以上的家庭承包经营户。① 但合作社快速发展的背后难掩发展形态"弱、小、散"的老问题,合作社服务能力因此严重受限。2013年,浙江合作社社均成员数为29个,规模较小;社员净资产为58.7万元,普遍缺乏可支配的法人财产和资金;实现统一销售农产品80%以上的合作社仅占45.8%,统一购买农业生产投入品80%以上的合作社仅占26.9%。同时,各地普遍存在"村村办合""一品多社"的情况,合作社规模小、分布散且各自为战,使合作社对于农户的服务带动能力和可持续发展能力均明显不足。

---

① 如无特别说明,文中关于浙江省合作社的宏观统计数据均是由浙江省农业厅经管处提供的报表整理而成。本文在调研过程中得到了浙江省农业厅相关领导的大力支持,尤其是经管处的张玉洁为研究提供了许多宝贵的资料,在此一并表示感谢!

（2）合作社公共服务的内容特点。从合作社公共服务的内容来看，浙江合作社的业务模式也处于初级阶段，多数合作社的服务重心仍停留在传统的生产—收购—销售等低水平服务环节，鲜有加工、仓储等延伸环节的服务项目及发展战略，为社员提供的公共服务以农业生产资料购买、农产品销售和统防统治等基础类公共服务项目为主，技术指导、信息发布、金融信贷等配套性和支持性的公共服务项目严重不足。2013 年，浙江合作社从事产加销一体化服务的占 59.4%，以生产服务为主的占 26.1%，以运销服务为主的占 2.6%，以购买服务为主的占 1.6%，以加工服务为主的占 1.6%，以仓储服务为主的占 0.2%，从事其他服务的占 8.5%；其中，开展内部信用合作的合作社仅有 44 个，提供金融保险服务的仅有 55 个。合作社服务链短而小，且服务内容和服务范围有限，导致合作社提供的公共服务与社员需求相差甚远，总体上呈现供求失衡，也使合作社社员，尤其是农民社员难以从农产品增值中受益。

（3）合作社规范化建设特点。从合作社规范化建设来看，浙江省合作社仍存在明显的治理问题。截至 2013 年年底，浙江省被市县农业主管部门认定为规范社的为 8525 个，仅占合作社总数的 22.8%；实行标准化生产的合作社比例为 16.1%。根据农业部确定的"十二五"末全国合作社发展目标，60% 以上的合作社应实现规范化管理。因此，浙江省合作社的规范化和标准化建设仍有待加快步伐。根据作者对浙江省 26 个合作社 290 户中小社员的抽样调查结果（具体数据分析见第 5 章），仍然有 15% 的社员"不清楚"所在合作社是否有章程；虽然有 79.6% 的合作社建立了会员账户、88.5% 的合作社实行财务公开，但仍然有 62.8% 的合作社"很少"接受社员监督，合作社决策严格实行"一人一票"的仅占 34.6%；大部分合作社存在"一股独大"现象，"少数人控制"问题明显，普通社员对于合作社的参与较少。因此，浙江合作社多数仍然没有走出"内部治理靠社长、外部治理靠政府"的"依赖型治理"困境。

（4）合作社发展趋势特点。从浙江合作社的发展趋势及与全
国合作社的比较来看：一方面，2008—2013年，浙江合作社的社
均成员数、规范化合作社占比、社均带动非社员农户数、获得财政
扶持的合作社占比均逐年下降，与全国合作社的发展趋势一致。这
表明，随着合作社数量的快速增长，其发展质量出现了下滑，浙江
合作社与全国合作社面临同样的发展困境。另一方面，2013年，
除了社均成员数低于全国平均水平，浙江合作社在规范化合作社占
比、产加销一体化合作社占比、社均带动非社员农户数以及获得财
政扶持的合作社占比等核心指标上全面超越全国平均水平，尤其在
规范化合作社占比、社均带动非社员农户数和获得财政扶持的合作
社占比等指标上领先幅度较大（见表4.4），说明浙江合作社发展
水平和公共服务水平仍处全国前列，具有较好的示范作用。

表4.4　　　2008—2013年浙江省农民专业合作社的总体走势

年份	总数（个）	社均成员数（个）	规范化合作社占比（％）	产加销一体化合作社占比（％）	社均净资产（万元）	社均带动非社员农户数（户）	获得财政扶持的合作社占比（％）
2008	9261	50	—	—	60.4	381	29.2
2009	15731	45	27.3	57.6	55.1	222	22.4
2010	20678	38	26.2	57.5	60.0	181	16.1
2011	25939	35	23.8	57.5	54.8	155	12.6
2012	32005	31	23.3	59.0	56.5	135	10.9
2013	37369	29	22.8	59.4	58.7	111	10.4
全国	884089	54	10.3	52.4	—	69	3.9

4.2.2　农民专业合作社发展的区域经济社会环境

从区域经济社会环境来看，浙江省地处长三角经济圈，区位优
势明显，农业产业集群基础深厚，农产品市场发育相对充分，社会
文化氛围比较宽松，这些比较优势都为浙江合作社公共服务提供了

良好了经济社会环境，也为合作社公共服务效率水平的进一步提升提供了可能。

（1）农业产业集群特点。浙江省农村经济结构转型较早，县域经济实力普遍较强，农业产业集群的基础较好，以此为依托建立的合作社大多与当地的主导农业产业实现了高效结合。由于农业产业具有很强的竞争性，相关的合作或联合行为必须以一定区域内存在一定规模的产业集群为条件。浙江省县域经济发展较好，各地经过多年发展形成的特色农业产业集群为合作社的产生和发展创造了同质性条件，"合作社 + 基地 + 农户"的农业产业化模式带动形成了数量众多的区域特色农产品产业带。如台州著名的温岭西瓜产业带、临海西兰花产业带以及黄岩茭白产业带等都是由当地的合作社发展带动形成的（徐旭初等，2009）。

（2）社会文化氛围特点。浙江极富工商文化气息和创造力的区域文化传统赋予了浙江民众自主、独立、自强的思想性格，并孕育出了开放、包容、宽松的社会文化氛围。在历史上，除南宋时期以外，浙江在较长时间内均位于全国政治文化的边缘区域，国家机器和主流意识形态对地方民众的影响力和渗透力相对较小，民间容易产生创造性和独立自主的思想意识和行为方式。浙江历史上诞生的同重义轻利、鄙薄工商的儒家正统观念形成分庭抗礼之势的"浙东事功学派"。浙东事功学派强调义利并重的功利取向、工商皆本的亲商意识和富民重商的政策主张，最为深刻地反映了浙学传统和浙江区域文化的特色。对于合作社，虽然新中国成立初期出现过效率低下的农业合作化运动，但浙江社会各界特别是浙江农民并没有过分地误读或阻碍合作社发展，反而在看到其实际绩效后，踊跃入社，继续发扬自主探索的精神积极寻求改革创新，使浙江省成为全国股份合作制最早产生、最为普遍的地区。

4.2.3 农民专业合作社发展中的地方政府作用

从地方政府在合作社发展中的作用来看，浙江政府"顺势而为",以尊重合作社的自主经营权为前提、以合作社的法规制度体系建设为核心,积极推进合作社制度化和规范化,在全国率先为合作社制度创新"开局",极大促进了合作社发展,为合作社公共服务效率水平的提升奠定了制度基础。

如果说市场经济赋予了合作社"天然的"经济合理性,那么,政府组织就赋予了合作社"后天的"行政合法性和政治合法性(徐旭初等,2009)。浙江省之所以能够成为全国合作社的先进省份离不开各级政府强有力的引导和支持,浙江政府在合作社各发展阶段中的作用在全国而言都非常具有典型示范意义,尤其值得合作社后发地区借鉴。

在20世纪80年代初期,浙江合作社处于自发发展时期,此时中央政府尚未过多关注农民专业合作组织的发展,浙江各级政府面对合作社的发展雏形,没有急于封杀,而是较多地采取了默许乃至支持的做法,允许其自发生长。20世纪90年代初期,浙江农民专业合作组织开始出现分化:农村股份合作组织大规模转型,大多丧失了合作社属性,成为股份制企业或集体经济组织;而农民专业技术协会开始转型为农民专业合作社。这一时期,浙江各级政府尤其是农业主管部门前瞻性地捕捉到了农民合作组织的发展趋势,将农民专业合作社明确为农民专业合作组织的主流形式,并通过评选示范合作社、举办全省性的合作社培训班、召开合作组织制度建设国际研讨会等诸多措施引导和促进合作社的发展,直至2004年11月,浙江省人大通过了全国第一个有关合作社的地方性法规《浙江省农民专业合作社条例》。此后,浙江合作社进入依法规范发展的新阶段。2005年以来,浙江省初步形成了较完善的工作体系:一是以2005年实施的《浙江省农民专业合作社条例》为核心的合作社制度体系;二是以2010年省政府《关于促进农民专业合作社提升发展的意见》、2012年省政府办公厅《关于大力培育新型农业经营主体的意见》、2013年浙江省农业厅、浙江省工商局、浙江省农村信用社联合社《关于推进农民专业合作社信用体系建设的意见》等为主要内容的合作社政策支撑体系；三是以农业部门依法统一指导、涉农社会力量领办、相关涉农部门协调配合的合作社协同工作体系。

可以说，浙江各级政府在合作社制度变迁过程中，敢于"有所作为"，通过找准自身角色定位"顺势而为"，顺应了市场发育和社会成长的客观要求，顺应了合作社主体和农民主体的诉求，是浙江合作社领先发展和变革创新的制度依托。尤其是在合作社面临转型发展的困境时，浙江各级政府及有关部门扮演了有别于中央政府的角色，先行先试，通过制度创新试验直接推动了《农民专业合作社法》的立法进程。对于制度变革进入深水区、区域发展异质性不断增强的中国而言，当中央政府出于保持制度整体稳定的考虑而难以推进全局性的制度创新之时，作为区域性机构的地方政府可以扮演中央政府的区域代理人角色，通过制度创新先行破局，在"试错"中积累经验，再伺机在全国推广，借以规避全局性的风险（徐旭初等，2009）。在合作社发展过程中，地方政府切忌直接干预，应尊重农民、基层的自主性和主体性，重点通过提供政策和法律支持引导合作社进程，为合作社公共服务中多元主体的良性互动创造良好的经济社会环境。

4.3 区域农民专业合作社公共服务效率指标体系的设计[①]

4.3.1 问题的提出

自2007年《合作社法》实施以来，中国合作社的发展态势可以用"喜忧参半"来形容。一方面，合作社蓬勃发展、势头强劲。经农业部经管司统计，截至2013年年底，全国农民专业合作社达

---

① 此后两节的主要内容已发表于张超：《区域合作社提供公共服务的效率评价体系及其验证》，《财贸研究》2014年第4期。

到 88.41 万家,拥有成员数 4776 万个,其中农户成员数占 79.2%。从合作社增长趋势来看,2012 年以来全国平均每月增长近两万家,堪称"火箭"速度。另一方面,合作社发展中的治理乱象也是五花八门,令人眼花缭乱:为完成上级政府考核任务,一些地方积极推行消灭合作社"空白村"运动;为获取税收优惠、财政扶持等政策收益,各种"空壳合作社"和"翻牌合作社"轮番登场,农户"被社员"的现象屡见不鲜;在合作社利益分配格局中,"精英俘获""大农吃小农"的现象长期存在(徐旭初,2012)。从政府乡村治理的角度看,将合作社发展水平作为乡村经济社会发展的考核指标、对合乎规范要求的合作社进行政策扶持都是引导合作社发展的重要举措。而从合作社自身发展的角度看,对于政策性收益的追求本就是其成立和发展的动力之一,合作社发起人的机会主义行为也难以避免。问题的关键是:合作社参与地方经济社会发展的主要标准是什么?如何合理评价某一区域合作社的发展水平,并据此进行规范引导和政策扶持?

当前,全国各地正在大力推进"示范区"和"示范社"的建设,《国家农民专业合作社示范社评定及监测暂行办法》也已于 2013 年年底颁布。由此可以预见,在将来的很长一段时间内,合作社的规范化建设和示范区建设将是合作社发展的主旋律。在此过程中,建立合理的区域合作社发展评价体系显得尤为重要。从公共经济学角度看,合作社作为所有者和惠顾者身份同一的特殊治理结构,是 Buchanan(1965)所说的典型的"俱乐部"组织,其为社员提供的服务是一种以特定受益人为服务对象的"俱乐部式"公共服务,合作社所进行的管理和经营活动都是为了为社员提供更有效的公共服务。因此,合作社公共服务的效率状况是考察其发展水平的核心标准,也是其参与地方经济社会发展的主要指标。笔者通过文献检索发现,目前学术界相关研究主要聚焦于作为个体的合作社的效率或绩效评价,尚无涉及合作社公共服务的区域发展评价的相关文献,更无相应的可操作性的效率评价体系。

基于上述背景，本部分尝试在以往研究和专家调查法基础上构建区域农民专业合作社公共服务的效率评价指标体系，据此对浙江省各地合作社公共服务的效率指数进行测算与比较，之后通过实证分析对指标体系的信度和效度进行验证。本研究的实证分析以浙江为例，其原因在于浙江合作社的发展在全国处于前列，服务相对较规范，基础数据较完整，具有较强的典型样本意义，尤其是对其他后发地区合作社公共服务的发展具有较好的指导意义。

4.3.2 区域效率评价指标体系设计的依据与原则

4.3.2.1 区域效率评价指标体系设计的依据

前文对于合作社界定已作了详细说明。国际合作社联盟（ICA）对合作社的经典定义既强调了合作社的营利性组织和自治共同体的双重属性，也强调了合作社服务社员和民主控制的基本原则。Sexton & Iskow（1993）将合作社定义为一个由使用者共同拥有和共同控制、并以其社员利益最大化为目标的组织。虽然一百多年来国际合作社的基本原则历经罗虚代尔原则、1966 年原则、1995 年原则和新一代合作社的变迁，但合作社"服务社员"和"民主控制"这两大本质规定性却一直被国际合作社理论界所倡导（黄祖辉、邵科，2009）。相比较而言，合作社基于"民主控制"而努力构造的"福利小屋"也是为了更好地"服务社员"。从公共经济学角度看，合作社作为一种由共同或相似需求的内部成员基于资源共享、互助合作的关系而建立的互助性的经济组织，是Buchanan 所说的典型的"俱乐部"组织，其为社员提供的公共服务是典型的俱乐部产品（张超、吴春梅，2014）。从经济理性角度看，农民之所以有动机加入合作社，使用合作社提供的"俱乐部式公共服务"，其根本原因在于合作社可以带来农户个体单独作业不可能产生的规模经济效益——"合作盈余"（樊丽明、石绍宾、张靖会，2011）。

由此可见，合作社存在的使命在于如何为社员提供优质高效的公共服务。那么，合作社公共服务的效率又如何测量呢？已有文献关于合作社效率的测量方法主要有财务比率分析法、数据包络分析法（DEA）、指标体系法等。财务比率分析法是传统的分析合作社效率的方法，所用指标主要包括利润、流动性、杠杆水平和资产效率四种。此种方法虽然应用广泛，但易产生偏差，且限于分析合作社的经营效率。黄祖辉等（2011）针对传统 DEA 方法的不足，运用 Bootstrap – DEA 方法实测了浙江省896家样本农民专业合作社的效率水平。此方法虽然效度较高，但不便于相关政府部门掌握应用。指标体系法是目前应用最广泛的方法，众多学者构建了合作社绩效评价指标体系并选择样本合作社进行了测量，且都考虑到了合作社"服务社员"的功能和社会影响力（徐旭初，2009；程克群、孟令杰，2011），但相关指标权重过小、相应指标不全，不足以反映合作社公共服务的综合水平。总体而言，以往相关文献研究大多是针对单个合作社效率的测量与比较，尚无研究直接测量合作社公共服务的区域效率水平。为此，本研究尝试构建一个精简实用、普适性强的区域合作社公共服务的效率评价指标体系，以充实相关领域的研究。

4.3.2.2 区域效率评价指标体系设计的基本原则

本研究中效率评价体系的设计主要遵循以下基本原则：第一，既考虑指标体系的完备性，更注重其精简性和可操作性。本研究通过建立"指标库"，运用"专家调查法（Delphi Method）"筛选出有代表性的核心指标，剔除替代性较强的冗余指标，评价体系可滚动操作。第二，兼顾数据的易获取性和测量方法的易掌握性（Liverman et al.，1988）。本研究从农业部统一制定的统计报表中选取数据进行统计分析，数据采集方便可靠，方法简单实用，便于相关领域工作人员掌握应用。第三，注重指标体系的普适性。为便于各区域间的相互比较，本研究全部采用客观指标和相对指标，不采用"满意度"等主观指标和合作社数量等绝对指标，重在测量区域合作社公共服务的"工具效率"。第四，重点测量合作社公共服务的

"产出效率"。即考察合作社在既定资源约束（预算约束）下，如何实现社员合作收益的最大化，不考虑投入效率和过程效率，所用指标反映当年该区域合作社公共服务的产出成果。

4.3.3 区域农民专业合作社公共服务效率评价体系指标设定

4.3.3.1 指标筛选和权重设定

首先，本研究建立了备用"指标库"，其中包括以下 20 项指标：规范化合作社占比、实施标准化生产的合作社占比、通过农产品质量认证的合作社占比、拥有注册商标的合作社占比、从事产加销一体化服务的合作社占比、社均成员数、社均经营收入、社均可分配盈余、社均可分配盈余按交易额返还额、社均统一销售农产品总值、社均购买农业生产投入品总值、统一销售农产品 80% 以上的合作社占比、统一购买农业生产投入品 80% 以上的合作社占比、销售额超过 500 万元的合作社占比、社均培训成员次数、社均联结基地、社均上交国家税金、获市级以上名牌产品的合作社占比、社均带动非成员农户数、省级示范合作社占比。

其次，根据专家调查法（德尔菲法）的要求，本研究就评价指标的筛选和权重设计了调查表，发邮件给学术界 7 名专家进行征询，专家研究领域分布为：农民合作经济组织研究领域 3 名，农业经济管理领域 1 名，农村社会学领域 1 名，公共管理领域 1 名，组织社会学领域 1 名。经过三轮意见征询，取得了基本一致的意见，筛选出"通过农产品质量认证的合作社占比"等 12 项核心指标，并确定了各指标权重。

4.3.3.2 效率评价指标及权重

基于以上原则和专家调查意见，本研究认为，可以从管理服务、经营服务和示范服务三方面考察区域合作社公共服务的效率，每个方面通过 4 项指标测量。其中，管理服务效率主要衡量合作社为社员进行内部质量管理服务和组织管理服务的产出效果，经营服务效率主要衡量合作社为社员提供经营服务的产出效果，示范服务效率主要衡量合作社为社员进行培训服务的情况以及合作社在提供公共服务的过程中对区域产业发展的带动作用。需要强调的是，由于考虑到指标体系的普适性及数据易获取性等原则，指标体系中的所有指标都是客观指标，没有来自于社员评价的主观指标，因此指标体系重在测量区域合作社公共服务的"工具效率"，不能反映"价值效率"。具体指标说明如下：

（1）通过农产品质量认证的合作社占比。指截至当年年底通过农产品质量认证的合作社占该区域合作社总数的比例。（2）组织实施农业标准化生产的合作社占比。指截至当年年底组织实施农业标准化生产的合作社占该区域合作社总数的比例。（3）组织销售农产品80%以上的合作社占比。指本年度社员主要农产品销售率超过80%的合作社占该区域合作社总数的比例。（4）拥有注册商标的合作社占比。指截至当年年底拥有注册商标的合作社占该区域合作社总数的比例。以上四项指标用于测量合作社管理服务的效率。根据《国家农民专业合作社示范社评定及监测暂行办法》的规定，成员主要产品（服务）统一销售（提供）率超过80%、广泛推行标准化、有注册商标、获得质量标准认证等均是示范社评定中"服务成效明显"和"服务质量安全"的重要标准。

（5）社均经营收入。指该区域合作社本年度实现的平均经营服务性收入。（6）社均可分配盈余。指该区域合作社本年度平均可分配盈余。（7）社均统一销售农产品总值。指该区域合作社本年度平均销售社员农产品金额。（8）销售额超过500万元的合作社占比。指本年度销售额超过500万元的合作社占该区域合作社总数的比例。以上四项指标用于测量合作社经营服务的效率，均是当前实践中评定各级示范社的重要参考指标。

（9）社均组织培训次数。指该区域合作社本年度平均培训社员次数。（10）社均带动非社员农户数。指该区域合作社本年度平均带动非社员农户数。（11）获市级以上名牌产品的合作社占比。指截至当年年底获市级以上名牌产品的合作社占该区域合作社总数的比例。(12) 社均联结基地面积。指截至当年年底该区域合作社平均联结基地面积。以上四项指标用于测量合作社示范服务的效率。《国家农民专业合作社示范社评定及监测暂行办法》将"在当地影响大、示范带动作用强"作为评定示范社的重要标准。

以上所有指标评定方法均为合作社自查自评和农业行政主管部门核查评定相结合；同时所有指标均为正向指标，即指标值越高，相应的效率就越高。本研究对各级指标的权重设置见表4.5：

表 4.5　　区域农民专业合作社公共服务的效率指标及权重

一级指标	权重	二级指标	权重	三级指标	权重
				X_1通过农产品质量认证的合作社占比（%）	0.09
				X_2组织实施农业标准化生产的合作社占比（%）	0.09
		管理服务	0.35	X_3组织销售农产品80%以上的合作社占比（%）	0.09
				X_4拥有注册商标的合作社占比（%）	0.08
合作社				X_5社均经营收入（万元）	0.08
公共服				X_6社均可分配盈余（万元）	0.08
务的效		经营服务	0.30	X_7社均统一销售农产品总值（万元）	0.08
率指数	1.00			X_8销售额超过500万元的合作社占比（%）	0.06
				X_9社均组织培训次数（次）	0.10
		示范服务	0.35	X_{10}社均带动非社员农户数（个）	0.10
				X_{11}获市级以上名牌产品的合作社占比（%）	0.08
				X_{12}社均联结基地面积（亩）	0.07

4.4　区域农民专业合作社公共服务效率指标体系验证——基于浙江省11个市的数据

4.4.1　效率指数的计算方法

本部分的原始数据来自浙江省农业厅经管处关于全省11个市合作社2012年度统计报表，表号为"农市（经）年终11表"，报表由农业部统一制定,原报表包括合作社基本情况、合作社分类情况、合作社经营服务情况、合作社资产负债情况、合作社其他情况、政府扶持合作社发展情况和附报七部分内容,涉及合作社经营服务的 100 项指标,本研究 "指标库" 涉及的 20 项指标数据均是在此报表基础上换算而成。浙江省农业厅作为全省合作社的主管机构,在合作社数据采集和发布方面具有较强的权威性,这也保证了本研究数据来源的真实性和可靠性。

本研究通过分层赋权逐层汇总方法计算区域合作社公共服务的效率指数,具体计算方法如下:

首先,对各指标值进行无量纲化处理。一般而言,对数据进行无量纲化处理的方法主要有功效系数法、标准化法等,本研究采用 "功效系数法 (Efficacy Coefficient Method)" 处理,经过处理的无量纲指数居于 50—100 之间。计算公式: $A_{ij} = \dfrac{X_{ij} - X_{sj}}{X_{mj} - X_{sj}} \times 50 + 50$。其中,$X_{ij}$ 为当前项数值,X_{mj} 为本档最大值,X_{sj} 为本档最小值。

其次,根据预先设定的各项指标的权重,利用无量纲指数通过加权计算样本区域合作社公共服务的效率指数,并排出基本顺序。

本研究运用社会统计软件 SPSS17.0 分别对评价指标体系进行信度 (Reliability) 和效度 (Validity) 检验。其中,信度检验主要采用 Cronbach'α 系数法,效度检验采用因子分析法。

4.4.2 效率评价指标体系的信度检验

本研究采用内部一致性指标来测度指标体系的信度,主要方法为 Cronbach'α 系数法。Cronbach'α 越大表示信度越高。在一般的探索性研究中,如果 Cronbach'α ≥ 0.8,则表示 "很可信";如果 Cronbach'α < 0.3,则表示 "不可信"。本研究通过 CITC 系数来净化指标项目,CITC 系数表示修正后每个指标项目的值与剩余指标项目值之间的相关系数,其筛选指标有两个基本条件,如果同时满足则

说明可删除该项目：（1）该项目的 CITC 系数小于 0.3；（2）删除此项目可以显著增加 α 值。本研究中 12 项指标的信度检验结果如表 4.6：

表 4.6   信度检验结果

指标项目	CITC	删除该项目后的 Cronbach'α
X_1 通过农产品质量认证的合作社占比（%）	0.859	0.948
X_2 组织实施农业标准化生产的合作社占比（%）	0.729	0.952
X_3 组织销售农产品 80% 以上的合作社占比（%）	0.805	0.950
X_4 拥有注册商标的合作社占比（%）	0.870	0.948
X_5 社均经营收入（万元）	0.855	0.948
X_6 社均可分配盈余（万元）	0.645	0.953
X_7 社均统一销售农产品总值（万元）	0.845	0.948
X_8 销售额超过 500 万元的合作社占比（%）	0.941	0.946
X_9 社均组织培训次数（次）	0.654	0.952
X_{10} 社均带动非社员农户数（个）	0.855	0.949
X_{11} 获市级以上名牌产品的合作社占比（%）	0.911	0.947
X_{12} 社均联结基地面积（亩）	0.802	0.950
		总体 Cronbach' α = 0.954

由表 4.6 可知，本研究中指标项目的总体 Cronbach' α 系数为 0.954。各项指标的 CITC 系数在 0.645 和 0.941 之间，均大于 0.3，且每一项指标删除后的 α 系数均小于 0.954。由此可以认为，本研究指标体系中的所有 12 项指标均不符合删除标准，指标体系具有很好的信度。

4.4.3 效率评价指标体系的效度检验

本研究中的效度检验采用因子分析法，具体过程如下：

（1）因子分析的适宜性检验。根据标准化后的数据，计算 KMO 值，进行 Bartlett's 球形检验。一般认为，如果 KMO 值小于

0.5 则表示不适宜进行因子分析。本研究中的 KMO 值为 0.670,说明因子分析的结果是可以接受的。Bartlett's 球形检验的值为 121.540,df 为 45,达到显著（P 值 = 0.000）,表示变量间有较强的相关性,母群体的相关矩阵间有公因子存在,适合进行因子分析。

（2）构造因子变量,确定公因子。本研究采用主成分分析法提取公因子。从变量共同度（Communalities）来看:变量的共同度均在 0.813——0.994 之间,所有指标变量的绝大部分信息均可被因子解释,因子提取的效果良好。从因子的方差贡献率（Total Variance Explained）来看,转轴后前 3 个因子的特征值分别为 4.392、3.437 和 3.060,累积方差贡献率达到了 90.740,包含了全部指标的绝大部分信息（见表 4.7）。因此,本研究选取这 3 个因子代表原来的 12 项指标。此外,从因子"碎石图（Scree Plot）"来看,第 3 个因子以后的因子特征值都较小,说明对解释原有变量的贡献很小,因此提取 3 个因子是合适的。

表 4.7　　　　　　　旋转后的因子方差贡献率

因子	特征值	方差贡献率（%）	累积方差贡献率（%）
1	4.392	36.601	36.601
2	3.437	28.639	65.240
3	3.060	25.500	90.740

（3）建立因子载荷矩阵并命名因子。采用方差极大法旋转后的因子载荷矩阵结果见表 4.8。设本研究提取的 3 个公因子分别表示为 F_1、F_2 和 F_3,从表 4.8 可以看出:公因子 F_1 在指标 X_4、X_3、X_1、X_2 上的载荷明显大于其他指标,对应于前述的"管理服务"因子;公因子 F_2 在指标 X_6、X_5、X_7、X_8 上有较大的载荷,对应于"经营服务"因子;公因子 F_3 在指标 X_{11}、X_9、X_{10}、X_{12} 上有较大的载荷,大体对应于"示范服务"因子。

表 4.8　　　　　　　　　　　旋转后的因子载荷矩阵

指　　标	主成分因子		
	1	2	3
X₄拥有注册商标的合作社占比（%）	0.877	0.191	0.392
X₃组织销售农产品80%以上的合作社占比（%）	0.808	0.243	0.321
X₁通过农产品质量认证的合作社占比（%）	0.797	0.372	0.197
X₂组织实施农业标准化生产的合作社占比（%）	0.743	0.270	0.467
X₁₁获市级以上名牌产品的合作社占比（%）	0.714	−0.011	0.578
X₆社均可分配盈余（万元）	−0.062	0.955	−0.259
X₅社均年经营收入（万元）	0.415	0.860	0.288
X₇社均销售农产品总值（万元）	0.390	0.831	0.333
X₈销售额超过500万元的合作社占比（%）	0.462	0.629	0.558
X₉社均组织培训次数（次）	0.370	0.002	0.889
X₁₀社均带动非社员农户数（个）	0.571	0.246	0.714
X₁₂社均联结基地面积（亩）	0.519	0.577	0.583

（4）建立因子得分系数矩阵并计算综合效率得分。运用回归法建立的因子得分系数矩阵见表4.9。

表 4.9　　　　　　　　　　　因子得分系数矩阵

指　　标	主成分因子		
	1	2	3
X₁通过农产品质量认证的合作社占比（%）	0.237	−0.046	−0.064
X₂组织实施农业标准化生产的合作社占比（%）	0.188	−0.156	0.076
X₃组织销售农产品80%以上的合作社占比（%）	0.477	−0.023	−0.405
X₄拥有注册商标的合作社占比（%）	0.437	−0.114	−0.257
X₅社均年经营收入（万元）	−0.057	0.280	0.015
X₆社均可分配盈余（万元）	−0.075	0.418	−0.212
X₇社均销售农产品总值（万元）	−0.109	0.275	0.086
X₈销售额超过500万元的合作社占比（%）	−0.131	0.142	0.253

指 标	主成分因子		
	1	2	3
X_9 社均组织培训次数 (次)	−0.374	−0.061	0.697
X_{10} 社均带动非社员农户数 (个)	−0.110	−0.008	0.348
X_{11} 获市级以上名牌产品的合作社占比 (%)	−0.176	0.178	0.273
X_{12} 社均联结基地面积 (亩)	0.418	−0.077	−0.279

本研究记 Y_1、Y_2 和 Y_3 分别是各区域合作社在 3 个公因子上的得分,则根据表 4.9 可得到线性方程组:

$$Y_1 = 0.237 X_1 + 0.188 X_2 + 0.477 X_3 + \cdots + 0.418 X_{12}$$

$$Y_2 = 0.280 X_5 - 0.046 X_1 - 0.156 X_2 - \cdots - 0.077 X_{12}$$

$$Y_3 = 0.076 X_2 - 0.064 X_1 - 0.405 X_3 - \cdots - 0.279 X_{12}$$

其中的 X_1、X_2、X_3、$\cdots$、X_{12} 为各项指标原始数据标准化后的 Z 值。以旋转后各因子的方差贡献率 (见表 4.7) 在累积方差贡献率中的比重为权重①进行加权求和,即可得到各区域合作社公共服务的综合效率得分 Y,计算公式为: $Y = 0.403Y_1 + 0.316Y_2 + 0.281Y_3$。即:

区域合作社公共服务的综合效率值 = 0.403 × 管理服务因子 + 0.316 × 经营服务因子 + 0.281 × 示范服务因子

最终计算出的浙江省 11 市合作社公共服务的综合效率得分见表 4.10。其中排序 A 是根据前述指标体系计算得出的,排序 B 是根据因子分析法计算得出的。结果显示,两种方法计算的效率排序完全一致,没有产生任何变动,说明本研究所建立的区域合作社公共服务的效率评价体系具有较高的效度水平。

---

① 此处"权重"的设置,以往研究中有些学者采用的是旋转前各因子的方差贡献率在累积方差贡献率中的比重。本研究认为,因子旋转重新分配了各因子的方差贡献,是因子命名的基础。因此,此处的权重采用旋转后各因子的方差贡献率在累积方差贡献率中的比重更为合理。

表 4.10 区域合作社公共服务效率的效度检验

区域	指标体系法计算的效率值	排序 A	因子分析法计算的效率值	排序 B	排序变动
嘉兴市	94.87	1	1.20	1	0
湖州市	78.39	2	0.56	2	0
舟山市	74.42	3	0.35	3	0
宁波市	73.23	4	0.27	4	0
杭州市	71.51	5	0.17	5	0
丽水市	66.99	6	− 0.10	6	0
绍兴市	63.26	7	− 0.18	7	0
台州市	59.94	8	− 0.35	8	0
金华市	57.18	9	− 0.49	9	0
温州市	53.10	10	− 0.66	10	0
衢州市	51.23	11	− 0.77	11	0

对表 4.10 中浙江省区域合作社公共服务效率指数进行进一步描述性分析可以发现：浙江省区域合作社公共服务的平均效率指数为 67.65，标准差为 12.72，最大值与最小值之间相差 43.64。由此可见，虽然浙江省合作社发展水平在全国位居前列，但其区域合作社的公共服务效率水平却总体偏低，且区域之间发展不平衡、差异较大，尚有较大提升空间。

4.4.4 效率评价指标体系的应用

根据以上指标体系，我们可以测量区域合作社公共服务效率指数，对合作社公共服务效率水平进行区域比较研究。尤其是在当前的合作社示范区建设过程中，此评价体系可作为评估合作社示范区发展水平的重要参照标准。

同时，我们也可以根据区域合作社公共服务效率指数进行进一步分区研究。仍以浙江省 11 市合作社公共服务效率指数为例（见

表4.10)，我们可以发现，浙江省合作社公共服务效率水平的"南北差异"大于"东西差异"：公共服务效率水平位居前五位的嘉兴、湖州、舟山、宁波和杭州均位于浙江北部，公共服务效率的区域指数均在 70 以上；其他公共服务效率区域指数低于 70 的地区均位于自绍兴以南的中南部，呈现出明显的"北高南低"特征。同时我们也可以发现，浙江省合作社公共服务效率水平的东西差异并不明显，且区域合作社公共服务效率水平与区域经济发展水平没有直接的正相关关系，经济发展相对落后的衢州、丽水地区与经济较发达的台州、温州地区相比，合作社公共服务效率水平处于同一层次。根据以上分析，我们可以将浙江省各地区公共服务效率水平分为三个发展区域：

Ⅰ类区域：合作社公共服务高效率水平区域，主要为浙北的嘉兴。其公共服务效率指数为 94.87，明显高于其他区域。

Ⅱ类区域：合作社公共服务中等效率水平区域，包括浙北的湖州、舟山、宁波、杭州 4 市。此四个地区的公共服务效率指数均在70—80 之间。

Ⅲ类区域：合作社公共服务低效率水平区域，包括浙南的丽水、绍兴、台州、金华、温州、衢州 6 市。此六个地区的公共服务效率指数均在 70 以下。

当然，合作社公共服务效率水平的分区研究方法同样适用于分析全国各省、区、市的合作社公共服务效率水平。限于篇幅，此处不再展开分析。

4.5 本章小结

从全国合作社公共服务效率的环境条件看，支持条件和限制条件并存使合作社公共服务效率水平具有很大的不确定性，尤其是众多限制条件的存在导致合作社公共服务效率水平具有较低的预期。浙江省合作社公共服务既有全国其他地区的共性，也有其特殊性：

一方面，仍处于初级阶段的合作社发展水平限制了其公共服务效率的提升空间；另一方面，浙江省良好的区域经济社会环境和地方政府在合作社发展中的"顺势而为"，都为合作社公共服务效率的提升奠定了坚实的基础。基于浙江省合作社的典型意义，论文中相关的实证研究均选择浙江合作社为样本进行分析。

研究表明，本章从管理服务、经营服务和示范服务三方面构建的区域合作社公共服务的"工具效率"评价指标体系经实证检验具有较高的信度和效度，可用于对合作社公共服务效率水平进行测评和区域比较研究，尤其是在当前的合作社示范区建设过程中，此评价体系可作为评估合作社示范区发展水平的重要参照标准。合作社效率测评结果表明，浙江省区域合作社的公共服务效率总体水平偏低，各区域之间发展不平衡、区域分异明显。与理论假设不一致的是，区域合作社的公共服务效率水平与区域经济发展水平之间无显著相关关系，其可能的原因在于，区域合作社的公共服务效率受当地合作社发展基础、合作社内部治理、农业产业集群、区域社会文化以及政府扶持程度等多方面因素的综合影响，区域经济发展水平仅是地区因素的一环，对合作社公共服务效率无明显的直接影响。

由于数据采集、研究条件等方面的限制，本章基于"区域视角"的合作社公共服务效率研究尚有不少值得进一步思考之处：第一，如何结合区域发展的经济社会指标和合作社自身发展指标，进一步开展区域合作社公共服务效率的影响因素研究？第二，如何在现有指标体系基础上，适当引入"社员对区域合作社公共服务的满意度"等社员角度的主观指标，以测量区域合作社公共服务的"价值效率"？

5 社员视角:典型农民专业合作社 公共服务的价值效率①

价值效率体现的是社员作为合作社主体和服务对象对于合作社公共服务效率的价值判断。从公共服务对象的角度来看，只有服务对象满意的才是有效率的（孔祥智、涂圣伟，2006；Peter V & Marius V D，2007；李燕凌，2008；侯惠勤等，2011）。由于中小社员是中国合作社社员的绝对主体，因此本章基于中小社员视角，用"合作社公共服务的中小社员满意度"代表合作社公共服务的"价值效率"，即假设"中小社员的满意度越高，则合作社公共服务效率越高"。本章首先在以往研究的基础上，从合作社特性、合作社服务过程和合作社服务结果三方面构建合作社公共服务满意度影响因素的理论分析框架；其次分析了中小社员对 26 个典型合作社公共服务的总体需求结构及特征；再次，运用浙江省 290 户中小社员调查数据，通过二元 Logistic 回归模型实证分析了合作社公共服务价值效率的影响因素；最后，进行总结并提出政策建议。

5.1 问题的提出

"服务社员"是合作社②成立和发展的根本宗旨和本质规定性

---

① 本章已发表于张超、吴春梅:《合作社公共服务满意度实证研究——基于 290 户中小社员的调查证据》,《经济学家》2015 年第 3 期。

② 此处"合作社"指包括农民专业合作社在内的广义合作社。

之一（黄祖辉、邵科，2009；徐旭初，2012；唐宗焜，2012）。从公共经济学角度看，农民专业合作社兼具企业和共同体的双重组织特性，是 Buchanan（1965）所说的典型的"俱乐部"组织，其为社员提供的服务是一种以特定受益人为服务对象的"俱乐部式"公共服务，其基于民主控制而努力构造的"福利小屋"是为了更好地"服务社员"（张超、吴春梅，2014）。小农之"小"，社会之"大"，2 亿多户小农正面临现代化转型，其经济社会活动产生了日益紧迫和多样化的公共服务需求，这是中国合作社发展面临的最大民情课题。截至 2013 年 12 月，全国 88.41 万家合作社共有中小社员[①] 3783 万户，占农民社员数的 96.1%，占合作社成员总数的 79.1%[②]。因此，在当前以及可预见的相当长的一段时期内，中小社员都将是合作社的主要服务对象。然而，随着合作社异质性的增强以及社员利益的分化和冲突，中国合作社社员在参与角色上已经偏离了所有者、管理者和惠顾者合一的经典范式，"大股独大"的现象普遍存在，中小农户被边缘化，在合作社中形成中国特色的"核心—外围"结构，由核心社员对中小社员利益的侵害而形成的"大农吃小农"问题成为中国合作社突出的治理难题。在此背景下，研究中小社员的公共服务需求和意愿，澄清相关影响因素，对于合作社服务社员"本性"的坚守以及政府部门扶持政策的制定具有重要的理论及实践意义。

从合作社利益相关者角度看，当前学界关于合作社公共服务的研究主要有三种视角。第一种是合作社视角。即立足于合作社谈合作社的发展，如研究合作社成长、功能、运行机制、效率及其影响因素等。此视角的数据来源主要是合作社负责人调查，研究主要呈现的是负责人角度的合作社整体状况，不反映合作社中

---

① 本文中的中小社员指合作社中相对于"核心社员（精英农户、农业资本家）"而言的经营规模小、惠顾额小的普通农户社员。

② 资料来源：农业部经管司。

的中小社员评价。由于合作社负责人利益与核心社员利益具有高度一致性，此视角也可以说是合作社负责人视角或核心社员视角。第二种是政府视角。即站在政府部门角度谈合作社的制度安排，如研究合作社的制度特性、政府规制、扶持和监管政策等。此视角的数据来源以政府部门的统计资料为主，同样不反映合作社中小社员评价。第三种视角是中小社员视角。即站在中小社员立场谈农户与合作社的关系，如研究农户参与合作社的动机、意愿、行为，农户对合作社的评价及影响因素等。此视角的数据来自中小社员的问卷调查和访谈，主要呈现中小社员的意愿和评价。目前学界合作社视角和政府视角的研究占绝对主导地位，中小社员视角的研究较为小众。由此引发的问题是，以合作社研究代替中小社员研究，以合作社立场代表中小社员立场，众多分散的中小社员显得面目模糊；同时，目前为数不多的基于中小社员视角的合作社研究主要以定性研究为主（仝志辉、温铁军，2009；张晓山，2013；贺雪峰，2013），定量研究相对缺乏。鉴于此，本章以合作社发达省份——浙江省的 290 户中小社员的问卷调查数据为基础，考察中小社员对合作社的公共服务满意度状况，并运用二元 Logistic 回归模型分析其影响因素，以期获得有价值的研究发现。需要强调的是，由于本章变量数据均来自于合作社中中小社员的主观效用评价，因此重在从中小社员视角测量合作社公共服务的"价值效率"，不能反映"工具效率"。

5.2　分析框架

5.2.1　农民专业合作社公共服务的社员满意度

公共服务满意度作为一种主观的心理感受，是公共服务使用者对其所体验到的公共服务产出所作评价的情感反应。当前学界对于公共服务满意度的研究可追溯到"顾客满意度"理论。"顾客满意度"理论于 20 世纪 80 年代由美国学者正式提出，其最初主要应用于市场产品和服务质量的顾客评价研究。随着新公共管理运动的兴起和新公共服务等理论的提出，顾客满意度理论开始被西方学者广泛应用于政府管理和服务绩效研究（李燕凌，2008）。在国内，自中央提出"新农村建设"和"基本公共服务均等化"战略以来，众多学者开始将"顾客满意度"理论应用于农村公共服务满意度研究（何精华等，2006；孔祥智、涂圣伟，2006）。大量研究表明，公共服务满意度能够较为准确地反映公共服务的产出质量（Peter V & Marius V D，2007；侯惠勤等，2011）。

基于已有研究，本文将农民专业合作社的社员满意度界定为：农民专业合作社社员对于合作社公共服务产出的满意程度所作的总体性评价。该界定基于以下三个基本假设：一是合作社提供的公共服务是社员能够感觉和感知到的。本文涉及农业生产资料购买、良种引进和推广、农产品销售、农产品加工、农产品运输及仓储、农业技术培训、农业信息服务和金融信贷服务等八项社员能感知到的具体服务。二是社员享受多种服务，但只对这些服务给出总体评价。采用总体评价的做法可以有效减少社员对于多种公共服务进行比较评价的困难和有效减小策略性行为的影响。本文采用李克特五分量表测量合作社公共服务的总体满意度，即将"非常满意""满意""一般""不满意"和"非常不满意"分别赋值为5分、4分、3分、2分和1分。三是从社员立场而言，其满意度评价是衡量合作社公共服务产出效果的主要标准。也就是说，只有社员认为满意的公共服务才是有效的。相反，即使是政府部门或合作社认定有用并强制提供的公共服务，如果社员认为不满意，此服务仍然无效。

5.2.2　农民专业合作社公共服务社员满意度的影响因素

从社员接受服务的角度看，有三个层面的因素会直接影响其对合作社公共服务的满意度：一是合作社自身的特性因素。政府、企业、村干部等不同的发起主体如何影响社员的满意度？示范合作社的满意度是否必然高于非示范合作社？社长声誉对于合作社满意度是否有显著影响？这些都是需要探索的问题。二是合作社提供服务的过程因素。在合作社提供服务的过程中，社员民主参与状况、接受培训的情况是否对其满意度有显著影响？是否政府扶持越多的合作社，社员的评价越高？这些因素的影响也有待验证。三是合作社提供服务的结果因素。如社员更关注的是增加收入、发展产业这些经济产出，还是增强信任、促进沟通这些社会产出？对于这些问题的回答将能有力拓展以往研究成果。基于以上分析，本文从中小社员视角出发，从合作社特性、合作社服务过程和合作社服务结果三方面建立合作社公共服务社员满意度影响因素的分析框架（见图5.1）。

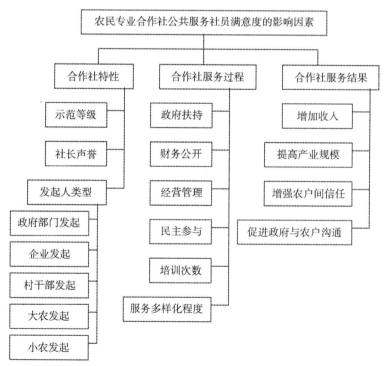

图5.1　农民专业合作社公共服务社员满意度影响因素的分析框架

第一，合作社特性。合作社特性是影响合作社产生和发展的重要因素，也是影响社员对合作社评价的主要因素之一。本文用示范等级、社长声誉和合作社发起人类型来反映合作社特性因素。合作社示范等级是各级政府部门根据合作社的总体水平对其所作的等级认定，包括国家级、省级、市级和区县级。一般而言，合作社示范等级越高，其服务能力越强，则相应的社员评价也应越高。以往研究表明，社长声誉对合作社效率有明显影响（徐旭初、吴彬，2010）。本文用社长的政治身份（各级人大代表、政协委员或党代表）来反映社长声誉。根据发起人分类，合作社一般可分为政府部门发起、企业发起、村干部发起、大农发起和小农发起。社员对于不同类型的合作社评价往往存在明显差异。樊丽明、解垩（2010）通过对鲁苏湘宁四省区的实证调查认为，社员对政府部门发起和大农发起的合作社比对龙头企业发起的合作社评价高。基于以上分析，本文假定示范等级高、社长声誉好以及由政府部门、企业、村干部和大农发起的合作社，其中小社员的满意度评价高。

第二，合作社服务过程。合作社以服务社员为宗旨，其服务过程对于社员评价具有关键性影响。合作社提供公共服务的过程是合作社、社员和政府部门等各行动主体互动和博弈的过程，既包括合作社的经营管理、提供服务，也包括社员参与，还包括政府部门的扶持。合作社技术指导和培训、生产资料供应和内部治理是否规范均正向影响社员的满意度评价（樊丽明、解垩，2010）。民主控制是合作社的本质规定之一，社员民主参与是实现此项原则的关键（邵科、徐旭初，2013）。相关政府部门的扶持对于合作社的可持续发展至关重要。政府部门的扶持力度越大，则合作社服务功能的实现程度越高（黄祖辉、高钰玲，2012）。本文用政府层面的政府扶持，合作社层面的财务公开、经营管理、组织培训次数和提供服务的多样化程度以及社员层面的民主参与来反映合作社的服务过程因素，并假定这些因素和中小社员的满意度评价之间呈正向关系。

第三，合作社服务结果。从合作社提供公共服务的结果来看，可以分为经济功能和社会功能。就社员角度而言,经济功能主要包括增加收入、带动相关产业发展等;而社会功能主要包括增强村民之间的信任关系以及促进政府和农户沟通等。在徐旭初(2009)和程克群、孟令杰(2011)等学者构建的合作社绩效评价体系中,经济功能和社会功能均被纳入其中,经济功能作为核心指标占较大比重,社会功能作为补充指标,所占比重较小。樊丽明、解垩(2010)的研究也表明:社员从合作社所获收入占全年总收入的比例越高,则社员满意度越高。本文用农户来自合作社收入占总收入比例和带动相关产业发展来反映合作社提供公共服务的经济功能,用增强村民社员之间的信任和促进政府和农户间沟通来反映合作社提供公共服务的社会功能,并假定经济服务功能比社会服务功能能带来更高的效率。

5.3 典型农民专业合作社公共服务社员满意度的总体分析

本章的样本数据来自作者于 2013 年 7—8 月份对浙江省 26 家合作社共计 290 户中小社员的问卷抽样调查。本调查之所以选择浙江省,是因为该省是合作社的发源地,也是农业部确定的第一个专业合作经济组织发展试点省,其合作社发展在全国具有很好的代表性。调查内容主要涉及社员个人背景、社员对合作社情况的评价、社员对合作社公共服务的评价以及对合作社改善服务的建议等几个方面。为了考察各级示范合作社的公共服务满意度,本文重点选择各级示范合作社的中小社员进行调查,样本合作社中包括省级示范社 6 个、市级示范社 4 个、区县级示范社 11 个,其他非示范社 5 个。样本合作社的地区分布为:宁波 8 个,绍兴 6 个,嘉兴 4 个,杭州 4 个,湖州 3 个,台州 1 个。中小社员问卷根据合作社社员规模的 20% 按比例随机抽样,由调查员进行入户调查、现场回收问卷,共完成问卷 294 份,其中有效问卷 290 份,有效率为 98.6%。

中小社员样本的性别构成为：男性占 68.1%，女性占 31.9%；年龄构成为：18—40 岁占 15.0%，41—50 岁占 49.6%，51—60 岁占 27.5%，61 岁以上占 7.9%；文化程度构成为：小学及以下占 40.7%，初中占 37.2%，高中或中专占 17.7%，大专及以上占 4.4%。中小社员样本的性别、年龄和文化程度构成等与合作社的实际情况基本相符，样本具有较好的代表性。同时，对于同一个合作社，中小社员和负责人在合作社基本情况、提供的服务项目等相同问题上的回答具有较高的一致性，可以认为，样本数据真实有效。

对合作社公共服务满意度的总体描述性分析表明：合作社公共服务的供需结构失衡，但中小社员对其总体满意度较高。此结果反映了合作社处于初始发展阶段的典型特征。一方面，由于合作社服务项目和服务能力有限，其提供的公共服务仅能作为政府公共服务的补充，多数兼业小农总体上对合作社公共服务依赖程度较低，因而没有过多关注其供需结构失衡问题；另一方面，中国的合作社社员在合作社参与中背离了惠顾者、所有者和管理者身份同一性的经典角色要求：中小社员是实际上的惠顾者，但仅是名义上的所有者，更非管理者。多数中小社员虽然业务参与较多，享有合作社提供的多项公共服务，但与合作社仅是松散的联结，与合作社的关系也不像组织内部的契约关系，更接近市场契约关系；很多中小社员不进行资本参与，而且在管理参与上流于形式（邵科、徐旭初，2013）。中小社员对于合作社的有限参与和低度的利益卷入，导致其在"有比没有好"的层面上去评价合作社公共服务的总体满意度，因此倾向于作出较高评价。具体结果分析如下：

第一，中小社员享有的公共服务项目以基础类服务项目为主，延伸类服务项目相对较少。调查结果显示，258 户中小社员接受了合作社组织的"农业技术培训"，占被调查中小社员的 89.09%；213 户中小社员享有合作社提供的"农产品销售服务",占 73.64%;接下来依次是"农业信息服务""良种引进和推广服务""农产品运输和仓储服务""农业生产资料购买服务""农产品加工服务"和"金融信贷服务",分别占 60.91%、54.55%、48.18%、47.27%、43.64% 和 13.64%(见表 5.1)。由此可见,中小社员中享有"农业技术培训"、"农产品销售服务"和"农业信息服务"等基础类公共服务的相对较多,而享有"农产品加工服务"和"金融信贷服务"等延伸类公共服务的相对较少。

表 5.1　　　　　　　中小社员享有的公共服务项目

序号	公共服务项目	中小社员数量(户)	比例(%)
1	农业技术培训	258	89.09
2	农产品销售服务	213	73.64
3	农业信息服务	177	60.91
4	良种引进和推广服务	158	54.55
5	农产品运输和仓储服务	140	48.18
6	农业生产资料购买服务	137	47.27
7	农产品加工服务	126	43.64
8	金融信贷服务	39	13.64

第二,合作社公共服务的供需结构存在失衡现象。根据中小社员对于合作社公共服务的需求程度进行排序,其公共服务需求项目依次为"农业技术培训""良种引进和推广服务""农产品销售服务""农业信息服务""金融信贷服务""农产品运输和仓储服务""农产品加工服务"和"农业生产资料购买服务"(见表 5.2)。由此可见,合作社提供的公共服务项目和中小社员实际需求的公共服务项目尚存在一定程度的错位,主要表现为对于中小社员有较多需求的"良种引进和推广服务"与"金融信贷服务",合作社明显供给不足。

表 5.2   中小社员对于合作社公共服务的需求次序

需求次序	公共服务项目	中小社员数量（户）	比例（%）
1	农业技术培训	205	70.78
2	良种引进和推广服务	188	64.82
3	农产品销售服务	163	56.09
4	农业信息服务	142	49.12
5	金融信贷服务	109	37.64
6	农产品运输和仓储服务	80	27.64
7	农产品加工服务	73	25.09
8	农业生产资料购买服务	66	22.82

　　第三，中小社员对于合作社公共服务的总体满意度较高。调查结果显示，总计有 182 户中小社员对合作社提供的公共服务表示满意，总体满意率①为 0.63（见表 5.3）。根据世界银行确定的标准，公共服务满意度的国际杠杆水平为 0.4。其中，0.30—0.49 为一般，0.50—0.69 为较好，0.70—1.00 为很好。本调查总体满意度属于"较好"水平。

表 5.3   中小社员对于合作社公共服务的总体满意度

总体满意度评价	中小社员数量（户）	比例（%）
非常满意	31	10.62
满意	151	52.21
一般	96	33.09
不满意	9	3.20
非常不满意	3	0.88
合计	290	100.00

---

① 总体满意率为"非常满意"和"满意"的百分比之和。

5.4 典型农民专业合作社公共服务社员满意度的影响因素分析

5.4.1 模型选择和变量说明

本文将中小社员对合作社公共服务的满意度视为一个二分类变量,即将评价结果为"非常满意"和"满意"的,统一归入"满意"一类,取值为"1";而将评价结果为"一般""不满意"和"非常不满意"的,统一归入"不满意"一类,作为参照系,取值为"0"。本文尝试采用二元 Logistic 回归分析模型对合作社公共服务满意度的影响因素进行分析。

设 y 为因变量"合作社公共服务满意度",设 x 为自变量"影响因素",设 Z 为"合作社公共服务满意度影响因素的线性函数",则有:

$$Z = \alpha + \sum_{i=1}^{n} \beta_i x_i + \mu$$

其中,μ 为服从极值分布的随机变量,x_i 表示第 i 个影响因素,α 和 β 表示待估参数。根据二项 Logistic 回归模型,有:

$$\log\left(\frac{prob(y=1)}{prob(y=0)}\right) = \alpha + \sum_{i=1}^{n} \beta_i x_i \qquad 可得$$

$$prob(y=1) = \frac{\exp\left(\alpha + \sum_{i=1}^{n} \beta_i x_i\right)}{1 + \exp\left(\alpha + \sum_{i=1}^{n} \beta_i x_i\right)} = \frac{e^z}{1+e^z} = E(y)$$

分析模型中各具体变量的定义及均值由表 5.4 给出。

表 5.4 分析模型中的变量定义和均值

变量名称	变量定义	均值
示范等级 X_1	国家级示范社 =4;省级 =3;市级 =2;区县级 =1;无等级 =0	1.27

变量名称	变量定义	均值
社长声誉 X_2	全国人大代表（政协委员、党代表）=4；省级=3；市级=2；区县级=1；无政治身份=0	1.32
发起人类型	参照组：小农发起	
政府部门发起 X_3	政府部门发起=1；否=0	0.17
企业发起 X_4	企业发起=1；否=0	0.14
村干部发起 X_5	村干部发起=1；否=0	0.07
大农发起 X_6	大农发起=1；否=0	0.47
政府扶持 X_7	很多=5；较多=4；一般=3；较少=2；很少=1；不清楚=0	2.74
财务公开 X_8	实行财务公开=1；否=0	0.92
经营管理 X_9	非常满意=5；满意=4；一般=3；不满意=2；非常不满意=1	3.81
民主参与 X_{10}	经常表达意见或建议=3；偶尔=2；几乎没有=1	1.49
培训次数 X_{11}	合作社上一年度组织社员培训（含网络培训）次数	3.48
服务多样化程度 X_{12}	8项服务全部提供=8；提供7项服务=7；依次类推	4.66
增加收入 X_{13}	上一年度来自合作社收入占全年总收入的百分比	0.64
提高产业规模 X_{14}	很明显=5；较明显=4；一般=3；不太明显=2；不明显=1	3.67
增强农户间信任 X_{15}	很明显=5；较明显=4；一般=3；不太明显=2；不明显=1	4.04
促进政府与农户间沟通 X_{16}	很明显=5；较明显=4；一般=3；不太明显=2；不明显=1	3.51
合作社公共服务满意度评价 Y	满意=1；不满意=0	0.63

5.4.2 模型估计结果

本文运用 SPSS17.0 对 290 户中小社员的样本数据进行二元 Logistic 回归分析。分析过程采用向后筛选法，即首先将全部变量引入回归方程，逐步剔除不显著的变量，直到方程中所有变量显著为止。由此，共生成了 9 种估计结果。为了减少篇幅，本文仅列出将全部变量引入回归方程的估计结果（模型一）和全部变量显著的估计结果（模型二）（见表 5.5）。从模型估计结果可以看出，合作社特性、合作社服务过程和合作社服务结果都从某些方面影响了中小社员的合作社公共服务满意度，部分估计结果与理论预期不一致。

表 5.5　　　　　农民专业合作社公共服务社员满意度

影响因素的 Logistic 模型估计结果

变量类型	变量名称	模型一			模型二		
		系数(β)	Wald 值	Exp(β)	系数(β)	Wald 值	Exp(β)
	常数项	-7.268***	15.945	0.000	-5.818***	17.868	0.000
合作社特性	示范等级 X_1	-0.949	2.254	0.387	—	—	—
	社长声誉 X_2	0.736*	3.040	2.088	—	—	—
	政府部门发起 X_3	11.574***	11.468	6314.962	7.608***	11.336	2013.644
	企业发起 X_4	2.189	1.110	8.929	—	—	—
	村干部发起 X_5	0.498	0.075	1.645	—	—	—
	大农发起 X_6	0.421	1.089	1.523	—	—	—
合作社服务过程	政府扶持 X_7	-0.429	1.479	0.651	—	—	—
	财务公开 X_8	6.170***	7.198	478.041	5.019***	8.037	151.280
	经营管理 X_9	3.007***	9.969	20.234	3.263***	15.112	26.116
	民主参与 X_{10}	5.558***	8.914	259.368	2.888***	7.843	17.949
	培训次数 X_{11}	1.378***	8.373	3.968	1.052***	9.548	2.864
	服务多样化程度 X_{12}	9.600***	12.378	4767.490	7.775***	15.689	2380.893

续表

变量类型	变量名称	模型一			模型二		
		系数(β)	Wald值	Exp(β)	系数(β)	Wald值	Exp(β)
	常数项	−7.268***	15.945	0.000	−5.818***	17.868	0.000
合作社服务结果	增加收入 X_{13}	0.025	0.909	1.025	—	—	—
	提高产业规模 X_{14}	0.082	0.015	1.085	—	—	—
	增强农户间信任 X_{15}	2.359**	5.036	10.581	1.472**	3.739	4.358
	促进政府与农户间沟通 X_{16}	0.983	1.990	2.673	1.089*	4.234	2.971
预测准确率（%）		89.3			90.2		
−2 倍对数似然值		55.827			64.269		
卡方检验值		92.363***			83.921***		
Nagelkerke R^2		0.765			0.719		

注：*、**和***分别表示在10%、5%和1%的水平上显著。

具体分析如下：

第一，合作社特性因素中，示范等级和社长声誉对中小社员的合作社公共服务满意度的影响均不显著，在最终模型（模型二）中均没有通过显著性检验；合作社发起人类型中仅政府部门发起对中小社员的合作社公共服务满意度有显著影响，在1%的显著性水平上通过了检验。这个结果和本文的理论预期存在明显差异。其原因可能在于中小社员对合作社公共服务进行满意度评价时，并不会特别在意合作社的等级、声誉等外部因素，而更加注重其提供的公共服务本身。考虑当前合作社存在一定程度的"异化"现象，即资本利益、部门利益和大农利益的"共谋"，示范合作社建设往往只能扶大扶强，这进一步加大了小农和大农的分化，强化了"大农吃小农"的治理格局（仝志辉、温铁军，2009），从而导致其与中小社员的利益背道而驰，难以彰显合作社提供优质公共服务的良好预期。对于政府部门发起的合作社服务满意度相对高的结果，可能由于其更强的公益性特征和中小社员的低风险预期，也可能由于长期以来中小社员形成的对于"官办"公共服务的心理依赖，因而倾向于正面评价。

第二，合作社服务过程因素对中小社员的合作社公共服务满意度的影响多数显著。财务公开、经营管理、民主参与、培训次数、服务多元化程度的影响均显著（均在1%的显著性水平上通过了检验），其中服务多样化程度和财务公开的影响尤为显著，Exp（β）达到了2380.893和151.280。此结果和前面的理论预期基本一致。但是，政府扶持的影响不显著，此结果未能证实黄祖辉、高钰玲（2012）所指出的政府扶持和合作社服务功能实现程度之间的关联。结合个案访谈资料，发现个中缘由，可能与政府扶持对中小社员的影响具有间接性、边缘性以及中小社员对政府扶持的具体状况了解不充分有关。在实践中，政府部门更关心的是自身的部门利益以及涉农工商资本的利益和以大农为代表的核心社员的利益，很难看到中小社员的利益（贺雪峰，2013）。由于大农领办的"假合作社"更符合政府部门的公益性目标和营利性目标，政府部门通常会选择"知假扶假"，并通过财政资金予以大力扶持（仝志辉、温铁军，2009）。因此，政府扶持在实践中很难反映合作社对于中小社员的服务过程。由此可以认为，服务多样化程度、财务公开、经营管理、民主参与和培训次数等直接服务过程因素对于中小社员的合作社公共服务满意度具有关键性的正向影响。

第三，合作社服务结果因素中，经济功能（增加收入和提高产业规模）对中小社员的合作社公共服务满意度的影响均不显著；社会功能（增强农户间信任和促进政府与农户间沟通）的影响显著，分别在5%和10%的显著性水平上通过了检验。此结果与前面的理论预期部分不一致，未能证实前述樊丽明、解垩（2010）的实证研究结论"从合作社所获收入占全年总收入的比例越高，则社员评价越好"。但此结果在一定程度上暗含了仝志辉、温铁军、贺雪峰等学者的理论判断。也就是说，在小农普遍兼业化的情况下，通过合作社增收等经济方面的需要往往对于小农而言不那么重要，而小农的生存方式、文化伦理决定了其还有通过合作社重建村庄的公共秩序、承接自上而下的转移资源以及通过与村庄内的社员交往维系社会联系、获得生活意义的需要。由此可见，对于兼业化的小农而言，与经济功能相比，中小社员更关注的是合作社作为一个基层组织的社会整合功能。当然，这并不排除规模化经营的农户更为关注合作社经济功能的判断，而只能说明合作社对于小规模经营小农的经济功能受限。

5.5 实证结论与启示

本章用"中小社员对合作社的公共服务满意度"表示合作社公共服务的价值效率，主要结论如下：（1）合作社公共服务的供需结构失衡，但中小社员对其总体满意度较高，反映出合作社处于初始发展阶段的典型特征：多数兼业小农总体上对合作社公共服务的依赖程度较低，对合作社的参与表现为有限的管理参与和低度的利益卷入。（2）由政府部门主导发起的合作社，其公共服务效率较高；服务多样化程度、财务公开、经营管理、民主参与和培训次数等直接服务过程因素对于合作社公共服务效率具有关键性的正向影响。（3）增强农户间信任和促进政府与农户间沟通等社会功能对于合作社公共服务效率有显著的正向影响。与经济功能相比，中小社员更关心合作社作为一个基层组织的社会整合功能。总体而言，政府部门发起、小农参与充分和注重社会功能的合作社，中小社员具有较高的公共服务满意率。

根据以上结论，可以得到如下政策启示：（1）应发挥政府部门发起的合作社的示范作用。通过示范，进一步带动由企业、村干部、大农等主体发起的合作社，引导其提高公共服务能力、发展贴近中小社员需求的公共服务项目。在对各级示范合作社进行政策扶持尤其是资金扶持时，应对下乡的部门利益和资本利益进行必要规划，重点扶持能切实满足中小社员服务需求的"真"合作社，重点考察合作社中大多数中小社员的权益实现情况。（2）加强合作社的内部治理。合作社治理的核心不仅是社长带领中小社员增收致富，更是要求合作社保持其公共服务过程对于中小社员的开放性，保障中小社员在服务需求表达、服务供给决策、服务供给和服务监督等公共服务过程中的民主和有序参与，从而使自上而下的国家政策和财政支农资源可以有效递送到中小社员手中。（3）重视合作社的社会整合功能。在合作社对中小社员的经济功能受限的条件下，在引导合作社发展过程中，现阶段尤其要关注合作社对于中小社员社会需求的回应能力和社会整合功能。在村庄治权弱化和基层村社组织"虚置"的现实背景下，如何通过合作社的运行为原子化的小农重构乡村公共空间、强化国家和小农之间的沟通"枢纽"，这是今后在合作社相关政策的制定和完善中应予以重点思考的问题。毕竟，只有站在大多数小农立场，以小农为主体的合作社才能有内聚力，农村政策才能有生命力。

6 组织视角:典型农民专业合作社公共服务的综合效率[①]

本章以区域视角的工具效率和社员视角的价值效率研究为基础,重点从组织视角考察 26 个典型合作社的综合效率,是典型农民专业合作社公共服务效率测量的关键。本部分首先在综合考虑工具效率和价值效率、内部效率和外部效率的基础上构建效率评价指标体系,并进行实证检验;接下来从成员特性、服务过程和服务环境等三个层面建立合作社公共服务效率影响因素的理论分析框架,并通过多元回归模型进行实证分析,最后在此基础上提出对策建议。

6.1 问题的提出

在中国,合作社作为引领农民参与市场竞争、促进农民增收和优化配置乡村治理资源的重要经营服务主体,在党和政府的积极推动下正面临新一轮的发展契机。2013 年的中央"一号文件"明确提出了"把示范社作为政策扶持重点"。党的十八届三中全会《关于全面深化改革若干重大问题的决定》指出,应将发展农村合作经济作为实现农业现代化经营的重要"抓手",财政扶持资金可以直接用于支持达到规定标准的合作社。2013 年年底出台的《国家农民专业合

① 本章已发表于张超:《合作社公共服务效率及其影响因素分析——基于浙江省的调查》,《财贸研究》2016 年第 3 期。

作社示范社评定及监测暂行办法》进一步提出了国家示范社的试行评定标准。可以预见，在将来很长一段时间内，各级示范社建设将是中国合作社发展的主旋律。在各级示范社建设过程中，值得我们关注的核心问题是：衡量合作社发展水平的核心标准是什么？

合作社是"一个由使用者共同拥有和共同控制、并以其社员利益最大化为目标的组织"（Sexton & Iskow，1993）。虽然一百多年来国际合作社的基本原则历经罗虚代尔原则、1966年原则、1995年原则和新一代合作社的变迁，但合作社"服务社员"和"民主管理"这两大本质规定性却一直被国际合作社理论界所倡导（黄祖辉、邵科，2009）。相比较而言，合作社基于"民主管理"而努力构造的"福利小屋"也是为了更好地"服务社员"。因此，服务社员是合作社的根本宗旨和本质规定性。从公共经济学角度看，合作社作为所有者和惠顾者身份同一的特殊治理结构，是Buchanan（1965）所说的典型的"俱乐部"组织，其为社员提供的服务是一种以特定受益人为服务对象的"俱乐部式"公共服务，合作社所进行的经营管理活动都是为了为社员提供更有效的服务。由此可见，合作社的公共服务效率水平是衡量其发展水平的核心标准，也是判断其对地方经济社会发展贡献的主要指标。鉴于此，本章尝试构建合作社公共服务的"综合效率"评价指标体系，以浙江省合作社为样本进行测量、验证和影响因素的实证研究，并在此基础上提出对策建议。

从已有文献研究看，目前学术界相关研究主要聚焦于合作社的效率或绩效评价，尚无研究涉及合作社的公共服务效率评价。众多学者构建了合作社效率或绩效评价指标体系并选择样本合作社进行了测量，且都考虑到了合作社"服务社员"的功能和社会影响力（徐旭初，2009；程克群、孟令杰，2011；张靖会，2012），但相关指标权重过小、相应指标不全，不足以反映合作社提供公共服务的综合水平。总体而言，以往相关研究的不足可概括为"三重三轻":其一,合作社总体研究中的重经营,轻服务。即注重研究合作社的经营状况,鲜有研究涉及合作社的服务状况。其二,合作社效率研究中的重工具效率,轻价值效率。即重视研究合作社工具主义意义上的经济效率,鲜有研究涉及合作社在促进社员民主意识提升、信任关系增强等方面的价值效率。其三,合作社效率指标评价中的重负责人评价,轻社员评价。即在合作社效率指标的评定中,主要的数据来源是负责人自查自评和农业主管部门评定,鲜有来自普通社员的评价。以上研究不足是本章研究的逻辑起点。

6.2 综合效率评价指标体系的构建

根据前文所述,要测量合作社公共服务的"综合效率",应考虑以下几方面的因素:第一,同时考虑合作社公共服务的内部效率和外部效率。内部效率包括经营管理和社员服务;外部效率包括社区服务和社会影响。第二,兼顾合作社公共服务的工具效率和价值效率,前者表明合作社公共服务的客观效果,后者表明合作社提供公共服务的主观效果,二者包含在合作社的内部效率和外部效率中。第三,在效率评价指标的评定方式同时考虑自上而下的评价和自下而上的评价。自上而下的评价来自于合作社负责人自查自评和农业主管部门核查,自下而上的评价来自于合作社普通社员的评价。

6.2.1 指标筛选

本章通过专家调查法(Delphi Method)进行指标筛选和权重设置,设计调查表函寄给学术界 5 名专家进行征询,专家研究领域分布:农民合作社研究领域 2 名,农业经济管理领域 1 名,农村社会学领域 1 名,公共管理领域 1 名。经过两轮意见征询,取得了基本一致的意见,筛选出"合作社年经营收入"等 13 项核心指标(见表 6.1)。

表 6.1　　　　　　　　　　综合效率评价指标说明

序号	操作化指标	指标赋值	评定方法
1	合作社年经营收入（分）	指合作社本年度实现的经营收入总额。100 万元以下 1 分，100 万—200 万元（含前不含后，下同）2 分，200 万—400 万元 3 分，400 万—600 万元 4 分，600 万—800 万元 5 分，800 万元以上 6 分	合作社自查自评，农业行政主管部门核查评定
2	合作社年纯盈余（分）	指合作社本年度实现的收益总额。5 万元以下 1 分，5 万—10 万元 2 分，10 万—30 万元 3 分，30 万—60 万元 4 分，60 万—100 万元 5 分，100 万元以上 6 分	同上
3	合作社资产总额（分）	包括合作社社员出资总额和固定资产。20 万元以下 1 分，20 万—50 万元 2 分，50 万—100 万元 3 分，100 万—300 万元 4 分，300 万—500 万元 5 分，500 万元以上 6 分	同上
4	社员总数（个）	指合作社年末在册成员数，包括法人社员数	同上
5	社员获得服务的多样化程度（分）	指社员本年度获得的服务种类，包括农业技术培训、信息服务、良种引进和推广、农产品营销、农产品加工、农产品运输和储藏、农资购买、农业保险、产中技术服务等 9 类服务项目，获得 1 项服务加 1 分	社员评价的平均分
6	合作社组织社员生产的标准化程度（分）	通过合作社获得的认证间接测量。无任何认证 0 分，获得无公害认证 1 分，获得绿色产品认证 3 分，获得有机认证 5 分。各项可相加，上限 5 分	合作社自查自评，农业行政主管部门核查评定

序号	操作化指标	指标赋值	评定方法
7	社员间信任提高程度（分）	指社员入社后与其他社员间的信任关系提高程度。很大程度提高5分，有所提高4分，基本无变化3分，有所下降2分，很大程度下降1分	社员评价的平均分
8	社员民主意识提高程度（分）	指社员入社后民主意识的提高程度。很大程度提高5分，有所提高4分，基本无变化3分，有所下降2分，很大程度下降1分	同上
9	合作社在带动当地相关产业发展方面的作用（分）	很明显5分，较明显4分，一般3分，不太明显2分，不明显1分	同上
10	合作社在带动当地闲散劳动力就业方面的作用（分）	同上	同上
11	合作社在促进政府与农户沟通方面的作用（分）	同上	同上
12	合作社带动非社员农户数（个）	指合作社本年度发生业务往来（包括各种服务和培训）的当地非社员农户数	合作社自查自评，农业行政主管部门核查评定
13	合作社对当地经济社会发展的综合影响度（分）	通过合作社获得的荣誉间接测量。包括示范合作社、驰名（著名）商标、知名商号、守信用重合同或消费者信得过的单位、名牌产品等五类荣誉。每类荣誉有区县级、市级、省级、国家级等四个级别，分别计1、2、3、4分，同一类荣誉取最高级别，不同类荣誉可累加，上限5分。未获得任何荣誉称号0分	同上

6.2.2 指标权重设置

在已有相关研究中，徐旭初（2009）和程克群、孟令杰（2011）等学者关于合作社绩效指标权重的设置比较有代表性。徐旭初在专家调查法基础上针对一级指标"合作社绩效"赋予二级指标权重分别为：组织建设（0.15）、运营活动（0.20）、社员收益（0.20）、组织发展（0.30）和社会影响（0.15）。程克群、孟令杰则依据层次分析法计算出二级指标权重分别为：组织运营（0.13）、经营活动（0.22）、社员收益（0.22）、企业规模（0.28）和社会效益（0.15）。二者的一个显著共同点是将合作社的外部效率（社会影响或社会效益）赋予权重0.15，内部效率（其他指标）赋予权重0.85。本章根据前述合作社公共服务效率的内涵和专家意见进一步优化了内部效率和外部效率的权重设置，具体如下（见表6.2）。

表 6.2　　　　　　　　综合效率评价指标权重

一级指标	权重	二级指标	权重	三级指标	权重
合作社的公共服务效率指数	1.0	经营管理	0.35	X_1 合作社年经营收入	0.09
				X_2 合作社年纯盈余	0.09
				X_3 合作社资产总额	0.085
				X_4 社员总数	0.085
		社员服务	0.35	X_5 社员获得服务的多样化程度	0.09
				X_6 合作社组织社员生产的标准化程度	0.09
				X_7 社员间信任提高程度	0.085
				X_8 社员民主意识提高程度	0.085
		社区服务	0.15	X_9 合作社在带动当地相关产业发展方面的作用	0.05

一级指标	权重	二级指标	权重	三级指标	权重
合作社的公共服务效率指数	1.0	社区服务	0.15	X_{10}合作社在带动当地闲散劳动力就业方面的作用	0.05
				X_{11}合作社在促进政府与农户沟通方面的作用	0.05
		社会影响	0.15	X_{12}合作社带动非社员农户数	0.065
				X_{13}合作社对当地经济社会发展的综合影响度	0.085

在以上指标体系中，经营管理指标和社员服务指标用于衡量合作社公共服务的内部效率（权重 0.7），经营管理指标由 X_1 - X_4 构成，社员服务指标由 X_5 - X_8 构成；社区服务和社会影响指标用于衡量合作社公共服务的外部效率（权重 0.3），社区服务指标由 X_9 - X_{11} 构成，社会影响指标由 X_{12} - X_{13} 构成。同时，合作社公共服务的工具效率由指标 X_1、X_2、X_3、X_4、X_6、X_{12}、X_{13} 衡量（权重 0.595），价值效率则由指标 X_5、X_7、X_8、X_9、X_{10}、X_{11} 衡量（权重 0.405）。

6.2.3 综合效率指数的计算方法

本章通过分层赋权逐层汇总的方法计算合作社公共服务的综合效率指数。具体计算方法如下：

首先，对各指标值进行无量纲化处理。一般而言，对数据进行无量纲化处理的方法主要有功效系数法、标准化法等，这里采用"功效系数法（Efficacy Coefficient Method）"处理，经过处理的无量纲指数居于 50—100 之间。计算公式：$A_{ij} = \dfrac{X_{ij} - X_{sj}}{X_{mj} - X_{sj}} \times 50 + 50$。其中，$X_{ij}$ 为当前项数值，X_{mj} 为本档最大值，X_{sj} 为本档最小值。

其次，根据预先设定的各项指标的权重，利用无量纲指数通过加权计算样本合作社公共服务的综合效率指数，并进行排序比较。

6.3 综合效率评价指标体系的验证

6.3.1 样本数据来源

本章的样本数据来源与上一章相同，都是来自于 2013 年 7—8 月份对浙江省 26 家合作社的调查，调查重点为各级示范合作社。与上一章相比，本章除了社员问卷调查数据之外，还加入了负责人问卷调查数据和当地农业行政主管部门对于该合作社的调查资料。合作社数据采集方法为：每个合作社做负责人访谈问卷 1 份，社员问卷根据社员规模的 20% 按比例随机抽样，由调查员进行入户调查、现场回收问卷，共完成问卷 320 份，其中有效问卷为 316 份（负责人问卷 26 份，农户社员问卷 290 份），有效率为 98.75%；同时收集当地农业行政主管部门（农业局、农办）对于合作社的统计资料作为补充。各具体指标的评定方法为：自上而下的客观经济指标由该合作社自查自评和当地农业行政主管部门核查评定给出，自下而上的主观价值指标取该合作社社员评价的均值。合作社负责人样本的性别构成为：男性占 88.5%，女性占 11.5%；年龄构成为：18—40 岁占 19.2%，41—50 岁占 50.0%，51 岁以上占 30.8%；文化程度构成为：小学及以下占 3.8%，初中占 30.8%，高中或中专占 42.3%，大专及以上占 23.1%。从合作社负责人的样本构成可以看出，大多数合作社负责人都是年龄在 40 岁以上的男性，且多具高中以上文化程度。农户社员样本的身份构成为：股东占 56.6%，非股东占 43.4%；农户社员的其他构成情况上一章已作说明，此处不再赘述。调查对象的性别、年龄和文化程度构成等与合作社的实际情况相符，样本具有较好的代表性。同时，对于同一个合作社，负责人和普通社员在合作社决策方式、盈余返还方式、提供的服务项目等相同问题上的回答具有较高的一致性，可以认为，样本数据真实有效。

6.3.2 因子分析验证过程

下面运用上述 26 家合作社的样本数据，采用因子分析法验证指标体系的科学性和合理性。

（1）因子分析的适宜性检验。根据标准化后的数据，计算 KMO 值，进行 Bartlett's 球形检验。一般认为，如果 KMO 值小于 0.5 则表示不适宜进行因子分析。本章中的 KMO 值为 0.690，说明因子分析的结果是可以接受的。Bartlett's 球形检验的值为 225.544，自由度为 78，达到显著（P 值 = 0.000），表示变量间有较强的相关性，母群体的相关矩阵间有公因子存在，适合进行因子分析。

（2）构造因子变量，确定公因子。本章采用主成分分析法提取公因子。从因子的方差贡献率（Total Variance Explained）来看，转轴后前 4 个因子的特征值分别为 3.401、2.699、2.467 和 1.204，累积方差贡献率达到了 75.152%，包含了全部指标的绝大部分信息（见表 6.3）。因此，本章选取这 4 个因子代表原来的 13 项指标。此外，从因子"碎石图（Scree Plot）"来看（图略），第 4 个因子以后的因子特征值都较小，说明对解释原有变量的贡献很小，已经成为可被忽略的"高山脚下的碎石"，因此提取 4 个因子是合适的。

表 6.3 旋转后的因子方差贡献率

因子	特征值	方差贡献率（%）	累积方差贡献率（%）
1	3.401	26.159	26.159
2	2.699	20.761	46.920
3	2.467	18.974	65.894
4	1.204	9.258	75.152

（3）建立因子载荷矩阵并命名因子。采用方差极大法旋转后的因子载荷矩阵结果见表 6.4。设本章提取的 4 个公因子分别表示

为 F_1、F_2、F_3 和 F_4,从表 6.4 可以看出:提取的 4 个公因子都具有良好的命名解释性。公因子 F_1 在指标 X_1、X_2、X_3、X_4 上有较大的载荷,大体对应于"经营管理"因子;公因子 F_2 在指标 X_6、X_5、X_8、X_7 上的载荷明显大于其他指标,完全对应于"社员服务"因子;公因子 F_3 在指标 X_9、X_{10}、X_{11} 上的载荷明显大于其他指标,完全对应于"社区服务"因子;公因子 F_4 在指标 X_{13}、X_{12} 上有较大的载荷,基本对应于"社会影响"因子。

表 6.4　　　　　　　　　　旋转后的因子载荷矩阵

指　标	主成分因子			
	F_1	F_2	F_3	F_4
X_1 合作社年经营收入	0.911	-0.032	0.211	-0.146
X_2 合作社年纯盈余	0.884	0.032	0.057	-0.014
X_3 合作社资产总额	0.866	0.111	0.086	0.182
X_4 社员总数	0.622	0.284	0.187	0.034
X_{12} 合作社带动非社员农户数	0.456	-0.173	0.099	0.280
X_6 合作社组织社员生产的标准化程度	0.000	0.883	0.029	0.246
X_5 社员获得服务的多样化程度	-0.101	0.879	0.082	0.046
X_8 社员民主意识提高程度	0.348	0.633	0.436	0.083
X_7 社员间信任提高程度	0.341	0.632	0.363	-0.442
X_9 合作社在带动当地相关产业发展方面的作用	0.321	0.077	0.881	0.122
X_{10} 合作社在带动当地闲散劳动力就业方面的作用	-0.025	0.056	0.870	0.112
X_{11} 合作社在促进政府与农户沟通方面的作用	0.258	0.344	0.703	-0.271
X_{13} 合作社对当地经济社会发展的综合影响度	0.165	0.306	0.100	0.839

（4）建立因子得分系数矩阵并计算综合效率得分。运用回归法建立的因子得分系数矩阵见表 6.5。

表 6.5 因子得分系数矩阵

指 标	主成分因子			
	F_1	F_2	F_3	F_4
X_1 合作社年经营收入	0.299	-0.067	-0.032	-0.145
X_2 合作社年纯盈余	0.308	-0.019	-0.119	-0.044
X_3 合作社资产总额	0.287	-0.002	-0.105	0.118
X_4 社员总数	0.184	0.075	-0.046	-0.005
X_5 社员获得服务的多样化程度	-0.076	0.381	-0.089	-0.014
X_6 合作社组织社员生产的标准化程度	-0.039	0.375	-0.126	0.148
X_7 社员间信任提高程度	0.061	0.242	0.016	-0.414
X_8 社员民主意识提高程度	0.033	0.193	0.080	0.033
X_9 合作社在带动当地相关产业发展方面的作用	-0.036	-0.137	0.432	0.127
X_{10} 合作社在带动当地闲散劳动力就业方面的作用	-0.157	-0.134	0.485	0.131
X_{11} 合作社在促进政府与农户沟通方面的作用	-0.022	0.044	0.278	-0.230
X_{12} 合作社带动非社员农户数	0.143	-0.127	0.024	0.237
X_{13} 合作社对当地经济社会发展的综合影响度	0.004	0.057	0.014	0.687

本章记 Y_1、Y_2、Y_3 和 Y_4 分别是各合作社在 4 个公因子上的得分，则根据表 6.5 可得到线性方程组：

$$Y_1 = 0.299X_1 + 0.308X_2 + 0.287X_3 + \cdots + 0.004X_{13}$$

$$Y_2 = 0.075X_4 - 0.067X_1 - 0.019X_2 - \cdots + 0.057X_{13}$$

$$Y_3 = 0.016X_7 - 0.032X_1 - 0.119X_3 - \cdots + 0.014X_{13}$$

$$Y_4 = 0.118X_3 - 0.145X_1 - 0.044X_2 - \cdots + 0.687X_{13}$$

其中的 X_1、X_2、X_3、$\cdots$、X_{13} 为各项指标原始数据标准化后的 Z 值。以旋转后各因子的方差贡献率(见表 6.3)在累积方差贡献率中的比重为权重①进行加权求和,即可得到各样本合作社公共服务的综合效率得分 Y,计算公式为:$Y = 0.348Y_1 + 0.276Y_2 + 0.252Y_3 + 0.124Y_4$。即:

合作社公共服务的综合效率值 = 0.348 × 经营管理因子 + 0.276 × 社员服务因子 + 0.252 × 社区服务因子 + 0.124 × 社会影响因子

最终计算出的浙江省 26 个合作社公共服务的综合效率得分见表 6.6。其中排名 A 是根据前述指标体系计算的效率值排名,排名 B 是根据因子分析法计算的效率值排名。因子分析法验证表明,两种方法计算的效率排名基本一致,说明本章所建立的合作社的公共服务效率评价指标体系具有较高的效度水平,是合理可行的。

表 6.6 合作社公共服务的综合效率值及比较验证

样本合作社名称	指标体系法计算的效率值	排名 A	因子分析法计算的效率值	排名 B	排名变动
杭州建德市 HT 草莓专业合作社	85.46	1	0.75	1	0
嘉兴平湖 CX 食用菌专业合作社	83.28	2	0.67	4	↓2
宁波慈溪 ZH 蔬果专业合作社	82.88	3	0.71	3	0
嘉兴平湖 GX 果蔬专业合作社	82.74	4	0.72	2	↑2
宁波慈溪长河 CB 蔬菜合作社	80.91	5	0.60	5	0
嘉兴平湖 JPH 西瓜专业合作社	80.22	6	0.58	6	0

① 此处的权重同样采用旋转后各因子的方差贡献率在累积方差贡献率中的比重,理由同第 4 章。

样本合作社名称	指标体系法计算的效率值	排名A	因子分析法计算的效率值	排名B	排名变动
杭州萧山 NF 生猪专业合作社	79.17	7	0.44	7	0
宁波象山 QX 水产专业合作社	75.66	8	0.26	8	0
宁波慈溪 LS 蔬菜专业合作社	75.01	9	0.19	9	0
绍兴新昌县 XY 畜禽养殖专业合作社	74.85	10	0.16	11	↓1
杭州建德市 DCY 蚕桑专业合作社	74.84	11	0.18	10	↑1
绍兴新昌县 JZ 农产品专业合作社	74.53	12	0.15	12	0
宁波象山 CM 梭子蟹水产专业合作社	73.61	13	0.09	13	0
宁波姜山镇 FN 粮机专业合作社	71.69	14	−0.07	15	↓1
宁波象山 RC 水产专业合作社	71.05	15	−0.09	16	↓1
杭州萧山 HQ 花木专业合作社	69.86	16	−0.05	14	↑2
绍兴新昌县 FR 菊花专业合作社	69.07	17	−0.11	17	0
绍兴新昌县 YY 中药材产销合作社	68.31	18	−0.12	18	0
绍兴新昌县 ZB 粮食专业合作社	66.96	19	−0.34	20	↓1
嘉兴平湖 WK 蔬菜专业合作社	65.19	20	−0.33	19	↑1
宁波慈溪 TL 果蔬专业合作社	63.69	21	−0.45	21	0
湖州安吉县 MJN 竹笋专业合作社	63.40	22	−0.57	22	0
台州天台县 XJ 粮食生产合作社	62.77	23	−0.60	23	0
湖州安吉县 ZN 竹笋专业合作社	59.70	24	−0.79	24	0
绍兴新昌县 TMS 兔业合作社	58.69	25	−0.90	25	0
湖州安吉县 GX 农业合作社	54.51	26	−1.10	26	0

6.3.3 典型农民专业合作社公共服务效率水平评估

经过对指标体系的分解和进一步测算，我们发现，样本合作社公共服务效率水平呈现出如下特点：

（1）总体效率水平偏低

样本合作社综合效率的平均值为 71.85，处于中等偏下水平。考虑到样本合作社中 80% 以上为区级（及以上）示范合作社，指标体系法测量结果表明浙江省合作社公共服务的总体效率水平较低，此结果进一步验证了第 4 章的研究结论：浙江省区域合作社的公共服务效率水平总体偏低；同时，此结果也间接支持了黄祖辉（2011）、扶玉枝（2012）等学者关于浙江省合作社经营效率总体偏低的研究结论。

（2）示范社的公共服务效率水平参差不齐

从不同示范等级合作社的公共服务效率比较来看，虽然省级示范社的公共服务效率值大多排在前 10 位，排在最后 7 位的也都是区级示范社或者非示范社，但就区级和市级示范社而言，在示范等级相同的情况下，其公共服务效率水平呈现出较大差异，其中区级示范社的"分离"现象尤其明显：有 4 个区级示范社的公共服务效率值排在前 10 位，与省级示范社处于同一水平；而另外 4 个区级示范社排在最后 7 位（见表 6.7）。由此可见，目前示范社的评价体系不能准确反映合作社的公共服务效率水平，尚有较大调整空间。

（3）省级示范社的"外部效率"较高，区级示范社的"价值效率"较高

从合作社公共服务"子效率"的比较来看，未能证实本研究理论假设 3 中关于"无论是从工具效率和价值效率来看，还是从内部效率和外部效率来看，合作社示范等级越高，则其效率水平越高"的理论预期。测量结果表明，省级示范社和区级示范社在公共服务的"子效率"方面各有所长：一方面，省级示范社普遍"外部效率"较高，杭州建德 HT 草莓专业合作社等 6 个省级示范社外部效率值均处于前列，可见省级示范社社会影响力较大，在带动辐射能力方面有明显优势；另一方面，区级示范社则大多"价

值效率"较高，嘉兴平湖 CX 食用菌专业合作社、宁波慈溪 CB 蔬菜合作社、绍兴新昌 XY 畜禽养殖专业合作社和绍兴新昌 JZ 农产品专业合作社 4 个区级示范社的价值效率普遍高于省级示范社，即使是综合效率值排名靠后的区级示范社，其"价值效率"也明显高于市级示范社（见表 6.7）。由此可见，区级示范社相对而言更注重对公共价值目标的追求，在增强社员间信任、提高社员民主意识等公共价值的递送方面显示出了自身的独特优势。与省级示范社和市级示范社相比，运营良好的区级示范社由于规模较小、受外来资本影响较少，且以中小社员为主体，可能更加符合中小社员对于公共价值和社会整合的需求，因而能获得中小社员较高的满意度评价。

表 6.7　　典型农民专业合作社公共服务效率水平比较评价

样本合作社名称	综合效率值	内部效率值	外部效率值	工具效率值	价值效率值	示范等级
杭州建德 HT 草莓专业合作社	85.46	63.27	22.19	52.61	32.85	省级
嘉兴平湖 CX 食用菌专业合作社	83.28	61.45	21.83	47.95	35.32	区级
宁波慈溪 ZH 蔬果专业合作社	82.88	56.76	26.12	51.24	31.64	省级
嘉兴平湖 GX 果蔬专业合作社	82.74	59.19	23.55	44.62	38.12	省级
宁波慈溪 CB 蔬菜合作社	80.91	57.16	23.75	45.63	35.28	区级
嘉兴平湖 JPH 西瓜专业合作社	80.22	55.78	24.44	46.30	33.92	省级
杭州萧山 NF 生猪专业合作社	79.17	55.99	23.18	49.38	29.80	省级
宁波象山 QX 水产专业合作社	75.66	55.13	20.53	44.85	30.81	区级
宁波慈溪 LS 蔬菜专业合作社	75.01	53.22	21.79	46.77	28.24	市级
绍兴新昌 XY 畜禽养殖专业合作社	74.85	54.80	20.05	40.20	34.65	区级
杭州建德 DCY 蚕桑专业合作社	74.84	50.59	24.25	43.62	31.22	省级
绍兴新昌 JZ 农产品专业合作社	74.53	53.29	21.24	38.31	36.22	区级

样本合作社名称	综合 效率值	内部 效率值	外部 效率值	工具 效率值	价值 效率值	示范 等级
宁波象山 CM 水产专业合作社	73.61	53.41	20.20	45.10	28.50	市级
宁波姜山 FN 粮机专业合作社	71.69	53.00	18.69	41.33	30.36	无
宁波象山 RC 水产专业合作社	71.05	51.38	19.67	41.86	29.19	区级
杭州萧山 HQ 花木专业合作社	69.86	47.31	22.55	37.61	32.25	无
绍兴新昌 FR 菊花专业合作社	69.07	47.87	21.19	37.64	31.43	区级
绍兴新昌 YY 中药材产销合作社	68.31	45.03	23.28	40.12	28.19	市级
绍兴新昌 ZB 粮食专业合作社	66.96	47.07	19.89	39.17	27.79	市级
嘉兴平湖 WK 蔬菜专业合作社	65.19	42.07	23.12	37.39	27.80	区级
宁波慈溪 TL 果蔬专业合作社	63.69	44.12	19.57	33.33	30.36	区级
湖州安吉 MJN 竹笋专业合作社	63.40	47.78	15.62	38.04	25.36	无
台州天台 XJ 粮食生产合作社	62.77	45.51	17.26	36.03	26.75	区级
湖州安吉 ZN 竹笋专业合作社	59.70	43.47	16.23	35.63	24.08	无
绍兴新昌 TMS 兔业合作社	58.69	40.51	18.18	32.19	26.50	区级
湖州安吉 GX 农业合作社	54.51	39.00	15.50	30.64	23.87	无

6.4　综合效率影响因素的实证分析

6.4.1　分析框架

合作社效率影响因素一般包括成员特性、合作社内部治理和外部环境等。相关文献前文已做过分析，根据苑鹏（2001）、黄胜忠等（2008）、徐旭初、吴彬（2010）、黄祖辉（2011）等学者的研究，合作社规模、理事会规模、成员构成、社长声誉、社长才能、成员的人力资本状况、社员参与状况、政府扶持等因素都对合作社效率有不同程度的影响。其中比较有代表性的是黄祖辉、高钰玲（2012）的研究，他们进一步研究了合作社服务功能实现程度的影响因素，将影响因素划分为产品特性、成员特性、经营条件及制度环境等四个层面，实证分析发现，在成员特性方面，社长经历、社长酬金和成员组成对于合作社服务功能的实现有显著的正向影响；在经营条件方面，产品认证对于合作社服务功能的实现有显著的正向影响；在制度环境方面，政府的资金扶持对于合作社服务功能的实现有显著的正向影响。

　　综观以往相关研究，对于合作社效率影响的内部因素研究集中在成员的异质性、人力资本和社长声誉方面，外部因素集中在政府扶持方面。本研究认为，在以往合作社效率影响因素的研究中往往都忽视了一个重要因素——社员视角的评价。合作社作为一个具有自我服务功能的特殊经济社会组织，社员参与贯穿合作社经营服务的整个过程和环节，社员的认可和支持对合作社效率具有重要影响。因此，本研究设置了"社员监督""服务频率"和"社员满意"等几个社员评价变量，将其纳入合作社公共服务效率影响因素之中进行分析验证。根据合作社提供公共服务的特点，结合以往研究，本研究将合作社公共服务效率的影响因素分为成员特性、服务过程和服务环境三个层面。成员特性因素包括"社长声誉""成员组成"和"发起人类型"。其中，"社长声誉"和"成员组成"在以往研究中显示出对合作社效率有正向影响；服务过程因素包括"社员监督""服务频率""组织培训"和"决策方式"。其中，"组织培训"对应人力资本，在以往研究中显示出有正向影响；服务环境因素包括"产品认证""示范等级""社员满意""政府扶持"和"政府监督"。其中，"产品认证""政府扶持"在以往研究中显示出有正向影响。具体分析框架见图 6.1。

6.4.2　模型建立

　　由于合作社公共服务的效率是一个连续型变量，本文运用多元

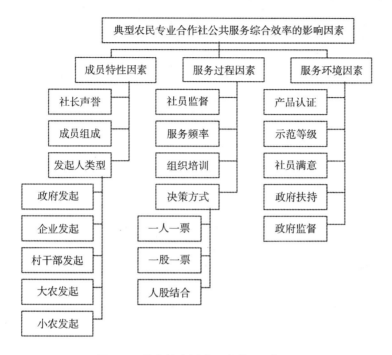

图 6.1　综合效率影响因素的分析框架

回归方法对其影响因素进行探索性分析。该分析模型的计量方程设定如下:

$$y = \beta_0 + \sum_k \beta_k x_k + \varepsilon \qquad (1)$$

(1) 式中, y 代表合作社公共服务的效率; x_k 代表作为影响因素的 16 个自变量; k = 1, 2, …, 16; β_0 代表常数项; β_k 代表自变量系数; ε 代表随机干扰项。

6.4.2.2　自变量的描述性统计

根据上文所建立的影响因素分析框架, 本文对回归方程中涉及的自变量进行赋值和描述性统计, 并根据已有的研究对预期影响进行假设。

自变量的含义及赋值如表 6.8 所示。

自变量的描述性统计及预期影响假设如表 6.9 所示。

表 6.8 自变量的含义及赋值

类型	名称	代码	含义	赋值
成员特性因素	社长声誉	X_1	社长担任的社会职务（政治身份）	全国人大代表（政协委员、党代表）= 4；省级 = 3；市级 = 2；区县级 = 1；无社会职务 = 0
	成员组成	X_2	是否有企、事业单位或社会团体社员	是 = 1；否 = 0
	发起人类型 a	X_3	是否由政府部门发起	是 = 1；否 = 0
		X_4	是否由企业发起	是 = 1；否 = 0
		X_5	是否由村干部发起	是 = 1；否 = 0
		X_6	是否由农业生产大户发起	是 = 1；否 = 0
服务过程因素	社员监督	X_7	合作社接受社员的监督情况（取社员评价的均值）	很多 = 5；较多 = 4；一般 = 3；较少 = 2；很少 = 1
	服务频率	X_8	合作社开展服务活动的频率（取社员评价的均值）	很多 = 5；较多 = 4；一般 = 3；较少 = 2；很少 = 1
	组织培训	X_9	上一年度合作社组织社员培训的次数	1 次 = 1，依此类推
	决策方式 b	X_{10}	是否一股一票	是 = 1；否 = 0
		X_{11}	是否一人一票和一股一票相结合	是 = 1；否 = 0
服务环境因素	产品认证	X_{12}	主营产品获得的相关质量认证	有机食品认证 = 5；绿色食品认证 = 3；无公害农产品认证 = 1；无任何认证 = 0
	示范等级	X_{13}	合作社被农业主管部门评定为示范社的等级	省级 = 3；市级 = 2；区县级 = 1；无等级 = 0
	社员满意	X_{14}	中小社员对合作社治理的满意度（取社员评价的均值）	非常满意 = 5；很满意 = 4；一般 = 3；很不满意 = 2；非常不满意 = 1

类型	名称	代码	含　义	赋　值
服务环境因素	政府扶持	X_{15}	政府对合作社的扶持力度	很多=5;较多=4;一般=3;较少=2;很少=1
	政府监督	X_{16}	政府对合作社的监督力度	很多=5;较多=4;一般=3;较少=2;很少=1

注:[a] 虚拟变量"发起人类型"中的"政府部门发起""企业发起""村干部发起"和"大农发起"均以"小农(中小社员农户)发起"作为参照。

[b] 虚拟变量"决策方式"中的"一股一票""一人一票和一股一票相结合"均以"一人一票"作为参照。

表6.9　　　　　自变量的描述性统计及预期影响假定

变量类型	变量名称	代码	均值	标准差	最大值	最小值	预期影响
成员特性因素	社长声誉	X_1	0.46	0.71	2	0	+
	成员组成	X_2	0.54	0.51	1	0	+
	发起人类型	X_3	0.15	0.37	1	0	+
		X_4	0.15	0.37	1	0	+
		X_5	0.08	0.27	1	0	+
		X_6	0.38	0.49	1	0	+
服务过程因素	社员监督	X_7	3.32	0.60	5	2.33	+
	服务频率	X_8	3.13	0.64	4	1.75	+
	组织培训	X_9	5.1	3.35	15	1	+
	决策方式	X_{10}	0.27	0.45	1	0	−
		X_{11}	0.38	0.49	1	0	−
服务环境因素	产品认证	X_{12}	1.12	1.45	5	0	+
	示范等级	X_{13}	1.42	1.06	3	0	+
	社员满意	X_{14}	3.82	0.56	5	3	+
	政府扶持	X_{15}	2.77	1.27	5	1	+
	政府监督	X_{16}	3.15	1.12	5	1	+

6.4.3　模型估计结果

本文运用SPSS17.0对合作社公共服务效率的影响因素模型进

行估计，通过向后筛选策略共经过 10 步完成回归方程的建立，最终模型为第 10 个模型。模型估计结果如表 6.10 所示。

回归方程的拟合优度检验表明，修正 $R^2 = 0.722$，说明最终模型中的自变量可以解释 72.2% 的因变量。自变量的多重共线性检验表明，容忍度（Tolerance）的最小值为 0.457，方差膨胀因子（VIF）的最大值为 2.190，说明自变量之间不存在明显的多重共线性问题，所建立的回归模型比较可靠，可用于进一步分析。

表 6.10　　　　典型农民专业合作社公共服务综合
效率影响因素的模型估计结果

变量类型	变量名称	代码	系数 β	标准误 Std. Error	容忍度 Tolerance	方差膨胀因子 VIF
成员特性因素	社长声誉	X_1	—	—	—	—
	成员组成	X_2	0.585 **	0.249	0.694	1.442
	发起人类型	X_3	-1.219 ***	0.422	0.461	2.168
		X_4	—	—	—	—
		X_5	-0.965 **	0.442	0.771	1.298
		X_6				
服务过程因素	社员监督	X_7	0.493 *	0.260	0.457	2.190
	服务频率	X_8	—			
	组织培训	X_9				
	决策方式	X_{10}				
		X_{11}				
服务环境因素	产品认证	X_{12}	0.193 *	0.095	0.581	1.722
	示范等级	X_{13}	0.508 ***	0.113	0.771	1.296
	社员满意	X_{14}	0.513 **	0.230	0.661	1.513
	政府扶持	X_{15}	0.282 **	0.111	0.555	1.803
	政府监督	X_{16}	—	—	—	—

续表

变量 类型	变量名称	代码	系数 β	标准误 Std. Error	容忍度 Tolerance	方差膨胀 因子 VIF
常数项 Constant			-2.099			
R²			0.811			
修正 R²			0.722			

注:*、**和***分别表示在10%、5%和1%的水平上显著。

模型估计结果表明,最终有8个变量在不同水平上通过了显著性检验;成员特性因素、服务过程因素和服务环境因素都从某些方面影响了合作社公共服务的效率。最终建立的回归方程为:

$$y = -2.099 + 0.585x_2 - 1.219x_3 - 0.965x_5 + 0.493x_7 + 0.193x_{12} + 0.508x_{13} + 0.513x_{14} + 0.282x_{15}$$

即:

合作社公共服务效率 = -2.099 + 0.585 × 成员组成 - 1.219 × 政府发起 - 0.965 × 村干部发起 + 0.493 × 社员监督 + 0.193 × 产品认证 + 0.508 × 示范等级 + 0.513 × 社员满意 + 0.282 × 政府扶持

具体分析如下:

(1) 成员特性因素。估计结果显示,"成员组成"在5%的水平上对合作社的公共服务效率有显著的正向影响,与理论预期一致,也进一步验证了黄祖辉、高钰玲 (2012) 所得出的"成员组成对农民专业合作社服务功能实现指数具有显著的正向影响"的结论,说明企业、事业或社会团体等单位社员具有农户社员无法比拟的资源优势,它们加入合作社,在增强合作社的成员异质性的同时也提高了合作社公共服务的效率。实际上,欧美的农业合作社和日韩农协在后期发展过程中都有非农民社员的加入,这在实践上也推动了合作社的转型和发展。单位社员的加入是合作社不可逆转的发展趋势,中国的合作社在发展中需要注意的是不能让社员异质性"稀释"合作社公共服务的宗旨。从发起人类型看,如果其他因素水平相同，与"小农发起"的合作社相比，"政府部门发起"和"村干部发起"的合作社，其公共服务效率水平要低，效率指数的平均差值分别为 1.219 和 0.965。这表明，不同发起人类型的合作社，其公共服务效率确实存在差异，但模型估计结论与理论预期的影响方向相反。可能的原因在于，由小农发起的合作社，与政府部门和村干部发起的合作社相比，虽然在资金和社会资源方面可能存在劣势，但其更了解社员的服务偏好和服务需求，因此在提供公共服务时更能做到高效精准传递。此外，结果显示，"社长声誉"对合作社公共服务效率无显著影响，这一点未能证实以往的研究结论。

（2）服务过程因素。估计结果显示，除"社员监督"之外，其他因素对合作社公共服务效率均无显著影响，未能证实以往研究中"人力资本对合作社效率有正向影响"的结论。"社员监督"在10%的水平上对合作社公共服务效率有显著影响。这表明，社员监督作为合作社公共服务过程的关键环节之一，对于提升合作社的公共服务效率有积极的促进作用。这同时也从一个侧面呼应了上一章提出的"应保持合作社公共服务过程对于中小社员开放性"的基本结论，即"合作社治理的核心不是社长带领中小社员增收致富，而是要求合作社保持其公共服务过程对于中小社员的开放性，保障中小社员在服务需求表达、服务供给决策、服务供给和服务监督等公共服务过程中的民主和有序参与"。

（3）服务环境因素。估计结果显示，除了"政府监督"之外，其他因素对合作社公共服务效率均有显著的正向影响，表明具有支持作用的良好的内外部环境在提升合作社公共服务效率中的举足轻重的作用。具体来说，"产品认证"在10%的水平上对合作社公共服务效率有正向影响，这与理论预期一致，同时也间接验证了黄祖辉、高钰玲（2012）所得出的"产品认证有助于农民专业合作社增强对成员的服务功能"的结论。"示范等级"在1%的水平上对合作社公共服务效率有显著的正向影响。从区县级示范社，到市级示范社,再到省级示范社,示范等级越高,则合作社公共服务效率水平越高。这一结论与理论预期一致,也与经验判断相符。示范性合作社的评定标准中,本来就涵盖了合作社经营规模、对农户的带动作用等内容,从区县级示范社到省级示范社,等级越高,评定标准就越高,其服务效率水平理应越高。"社员满意"和"政府扶持"在5%的水平上对合作社公共服务效率有显著的正向影响。前者说明了"社员满意"对"合作社服务效率"之间的正向支持作用,即中小社员对合作社治理状况越满意,则合作社公共服务的效率水平越高。后者验证了以往相关研究结论,说明了政府扶持对于合作社公共服务效率提升的重要作用。

6.4.4 综合效率与其影响因素的相关分析

由于研究条件的限制,本文仅调查了26个样本合作社,样本量偏少可能导致回归系数不稳定。因此,本文接下来进一步考察合作社公共服务效率与对其具有显著影响的各因素之间的相关关系,作为对上述研究结论的佐证分析。

(1)合作社公共服务效率与"成员组成"之间的相关关系

由于"合作社公共服务效率"属于定距变量,而"成员组成"属于二分变量,因此本文采用艾塔法(ETA)测量二者之间的相关关系。

通过 SPSS17.0 分析检验表明,相关系数 $ETA = 0.353$,$ETA^2 = 0.125$,说明合作社公共服务效率与成员组成之间具有一定的正相关关系,相关尺度较高,合作社公共服务效率变化值的12.5%可以用成员组成来预测。

(2)合作社公共服务效率与"发起人类型"之间的相关关系

首先,从作为虚拟变量的"发起人类型"来看,由于"合作社公共服务效率"属于定距变量,而"发起人类型"属于定类变量,在此同样采用艾塔法(ETA)测量二者之间的相关关系。SPSS17.0分析检验表明,相关系数 $ETA = 0.268$,$ETA^2 = 0.072$,说明合作社公共服务效率与发起人类型之间具有较弱的正相关关系，合作社公共服务效率变化值的 7.2% 可以用发起人类型来预测。

为了进一步比较验证不同发起人类型的合作社公共服务效率之间的差异，根据前述多元回归分析的结论，本文按照效率水平的高低分别将"小农发起""村干部发起"和"政府发起"赋值为 3、2、1，这样合作社公共服务效率和发起人类型就变成了两个定距变量，二者之间的相关关系可以用皮尔逊相关系数（Pearson）来测量。SPSS17.0 分析检验表明，皮尔逊相关系数 $r = 0.331$，$p < 0.05$，因此，对于不同发起人类型的合作社，其公共服务效率存在明显差异，相比较而言，小农发起的合作社公共服务效率最高；其次为村干部；最后为政府部门。相关分析的结果进一步证实了上述多元回归模型的结论。

（3）合作社公共服务效率与其他变量之间的相关关系

由于其他几个变量均属于定距变量，因此均采用皮尔逊相关系数（Pearson）来测量验证。

SPSS17.0 分析检验表明，合作社公共服务效率与"社员监督"之间的皮尔逊相关系数 $r = 0.442$，$p < 0.01$，$r^2 = 0.195$。因此，二者之间存在较强的正相关关系，合作社公共服务效率变化值的 19.5% 可以用"社员监督"来预测。合作社公共服务效率与"产品认证"之间的皮尔逊相关系数 $r = 0.372$，$p < 0.01$，$r^2 = 0.138$。二者之间存在正相关关系，合作社公共服务效率变化值的 13.8% 可以用"产品认证"来预测。合作社公共服务效率与"示范等级"之间的皮尔逊相关系数 $r = 0.390$，$p < 0.05$，$r^2 = 0.152$。二者之间存在正相关关系，合作社公共服务效率变化值的 15.2% 可以用"示范等级"来预测。合作社公共服务效率与"社员满意"之间的皮尔逊相关系数 $r = 0.551$，$p < 0.01$，$r^2 = 0.304$。二者之间存在较强的正相关关系，合作社公共服务效率变化值的 30.4% 可以用"社员满意"来预测。合作社公共服务效率与"政府扶持"之间的皮尔逊相关系数 $r = 0.457$，$p < 0.05$，$r^2 = 0.209$。二者之间存在较

强的正相关关系,合作社公共服务效率变化值的 20.9% 可以用
"政府扶持"来预测。

总之,合作社公共服务效率与对其具有显著影响的各变量之间
的相关关系分析表明,前述回归方程模型的回归系数比较稳定,估
计结果比较准确,能较好地反映合作社公共服务效率影响因素的总
体情况。

6.5 实证结论与启示

6.5.1 主要实证结论

(1)浙江省合作社公共服务的总体效率水平偏低,示范社的
公共服务效率水平参差不齐;省级示范社的"外部效率"较高,
而区级示范社的"价值效率"较高。运营良好的区级示范社在增
强社员间信任、提高社员民主意识等公共价值的递送方面显示出了
自身的独特优势,更加符合中小社员对于公共价值和社会整合的需
求,因而能获得中小社员较高的满意度评价。目前由政府部门主导
制定的示范社评价体系不能准确反映合作社的公共服务效率水平,
尚有较大调整空间。

(2)在成员特性因素中,"成员组成"和"发起人类型"对
合作社公共服务效率有显著影响。企业、事业或社会团体等单位社
员加入合作社,在增强合作社的成员异质性的同时也提高了合作社
公共服务的效率;"小农发起"的合作社和"政府发起""村干部
发起"的合作社相比,其公共服务效率水平更高。

(3)在服务过程因素中,"社员监督"作为合作社公共服务过
程的关键环节之一,对于提升合作社的公共服务效率有积极的促进
作用。这同时也从一个侧面呼应了上一章提出的"应保持合作社
公共服务过程对于中小社员开放性"的基本结论。

(4)在服务环境因素中,"产品认证""示范等级""社员满
意"和"政府扶持"等因素均对合作社公共服务效率有显著的正

向影响，说明具有支持作用的良好的内外部环境在提升合作社公共服务效率中的举足轻重的作用；政府扶持是提升合作社公共服务效率的最大外部助力；同时，社员参与、认可和支持对于提升合作社的公共服务效率有积极促进作用。

6.5.2 主要启示

基于以上结论，我们可以得到以下几点启示：

（1）作为以"服务社员"为宗旨的特殊经济社会组织，合作社应把握好面向社员和面向市场之间的平衡：一方面，致力于提高产品质量，通过实施标准化生产和品牌建设提高产品的市场竞争力，通过不断提升示范社等级获取政府财政支持，为提升公共服务效率创造良好的外部支持环境；另一方面，在吸纳单位社员的同时，也要注意农民社员尤其是中小社员的服务需求，加强社员监督、促进社员参与，积极采纳社员的意见和建议，以获得更多的社员支持，使合作社治理走向良性循环之路。

（2）政府部门应进一步完善现有的示范社评价体系，将"是否为社员提供有效的公共服务"作为评定示范社的基础标准，除现有的经营管理方面的指标外，适当增加本章中提到的社员服务和社区服务方面的具体指标；在指标评定方法上，除现有的合作社自查自评和农业行政主管部门评定之外，应增加普通农民社员评价。同时，进一步完善合作社信用评价指标体系，将合作社服务功能实现程度作为基本的信用指标。

（3）政府部门应做好服务规划者和"守门人"的角色，对于各级示范社的认定管理应采取评定和监测并重、扶持和监管并重的措施，坚持实行动态监测管理和保优汰劣，财政应重点扶持合作社提升公共服务能力和合作社的能力建设项目；应重视合作社公共服务的"价值效率"，对贴近社员服务需求、具有较强的公共价值创造能力的小农发起的合作社和运营良好的区级示范社也要加大政策扶持力度。

7 国外农业合作社公共服务 效率优化策略的借鉴

本章首先分析国外农业合作社公共服务的主要模式，总结国外合作社公共服务的功能定位和目标导向；接下来根据政府在合作社公共服务中的角色，将国外合作社分为"自主发展型"和"政府推动型"两种基本类型，重点对不同类型合作社公共服务效率的优化策略进行比较分析，从中归纳出可供中国合作社公共服务效率提升借鉴的主要经验。

7.1 国外农业合作社公共服务的主要模式

从世界范围看，农业合作社公共服务呈现出明显的区域性特征，即合作社的服务对象、服务内容都与特定的农业发展区域密切相关，并呈现出与本区域农业经济社会发展相适应的趋势。国外农业合作社都以农民社员为主要服务对象，提供生产、流通、金融、科技、信息等方面的公共服务，但由于资源禀赋、合作社传统等方面的差异，合作社公共服务呈现出不同的发展模式。从服务对象和服务内容角度看，国外合作社公共服务可以划分为三种主要模式。

7.1.1 "大农专业服务"模式

主要以美国、加拿大等美洲国家为代表。美国和加拿大都属于典型的"地多人少"型国家，非常适合农业规模化生产和机械化生产。两国的合作社历史悠久，规模普遍较大，可以称之为"大农专业服务"模式，主要为大农场主提供销售、供应服务以及与此相关的运输、加工、仓储、技术支持等跨区域的专业化配套服务，其主要特点有：第一，实行大农场、大农业基础上的跨区域合作与联合，以"大农"为主要服务对象。第二，合作社一般围绕一至两种主营农产品为农场主提供专业化服务，普遍具有较高的专业化水平。以美国为例，合作社大部分由农场主联合投资兴办，是美国农场主参与市场竞争的重要组织载体。大部分美国合作社自成立伊始便面临残酷的市场竞争，因此存活下来的合作社大都具有较强的经济、技术实力和管理、服务能力。从农业合作社类型来看，美国的农业合作社主要有销售、供应和服务三种主要类型（徐旭初，2005；安宁，2006）。大部分合作社兼营两类或两类以上活动，是混合型合作社。绝大多数销售合作社仅经营一种农产品，一半以上的业务量来自社员交易。销售合作社的服务内容已从最初的农产品销售扩展到目前的收购、储藏、运输和销售等一系列专业化服务。供应合作社（也称为采购合作社，Purchasing Cooperatives）有超过50%的业务量来自农用物质的供应业务，除了为社员提供种子、化肥、农药、燃料、饲料等农业物质的供应服务，还提供农用物质的生产、运输、设备维修、技术指导等服务。服务合作社主要提供某一单项的专业性服务，如销售和供应合作社提供的系列服务中的某个环节的服务，其服务内容十分广泛，涵盖农村生产和生活的各个领域，如灌溉、火灾保险、农村住房以及农民健康等。

在"大农专业服务"模式中，合作社作为农民联合成立并民主控制的特殊经济组织，其组织特性被定位为"合作社企业"，与企业一样参与市场竞争，独立运行、自负盈亏，其主要为社员提供经济服务，同时通过参与政治选举、与政府谈判等方式提供政治服务，从而影响政府决策、保护社员权益。因此，从合作社公共服务效率角度来看，"大农专业模式"的合作社作为农工商一体化经营的重要模式，主要强调的是合作社公共服务的"工具效率"，强调合作社在农业集群化、带动地区经济发展、不断提高农民收入等方面的高效运作。

7.1.2 "中农专业服务"模式

以德国、法国等欧洲国家为代表。德国、法国等欧洲国家的农民的人均耕地面积从几公顷到几十公顷不等，大多属于"人地适中"型国家。欧洲是合作社的发源地，有着深厚的合作社传统，从服务对象和服务内容看，其合作社模式可以称之为"中农专业服务"模式，通常以联合或合作的方式为基层中等规模经营的农民社员提供采购、销售、运输、加工、技术、金融信贷等专业化系列服务。其主要特点有：第一，强调农业合作社的专业服务能力，合作社通常依托某种服务功能或某种产品类型而建立。如农机服务合作社、仓储服务合作社或小麦合作社、奶制品合作社等。欧洲合作社分工较细、形式多样、数量众多，但服务功能相对单一，因此，合作社通常会相互支持和合作，一起为农户提供专业化、系列化服务。第二，欧洲合作社通常以农户的中等规模经营为基础，平均每个农户拥有几十公顷耕地，农地经营规模与农户居住的集中程度均为中等水平，因此欧洲合作社的主要服务对象是"中农"。第三，欧洲合作社通过联合或合作形成比较完整的合作社体系。如德国合作社自下而上设有基层社、地方社和中央社三个层级，基层社是基础单元，地方社和中央社是由基层社联合而成的联合社，主要为基层社提供业务指导和服务。在欧洲，合作社不仅吸引了绝大多数农户加入，也吸引了大多数涉农企业和大量的城镇居民加入。因此，合作社具有较强的包容性，拥有跨行业的社员基础。欧洲合作社联合服务体系的一个鲜明特征是一个农户可以同时加入若干个合作社，享受来自产业链上下游的系列服务。

"中农专业服务"模式的合作社与"大农专业服务"模式的合作社相比，其差异在于：一是农户经营规模相对较小，多为中等规模；二是合作社分工较细，服务内容相对单一。其他在合作社组织特性定位、功能定位等方面基本类似，二者都建立在西方市场经济发达国家，合作社长期独立自主发展，与政府关系明确，合作社组织同样被定位为"合作社企业"，主要为社员提供经济服务和政治服务，也同样更加注重合作社公共服务的"工具效率"。

7.1.3 "小农综合服务"模式

以日本、韩国等亚洲国家为代表，泰国、印度和中国的台湾地区都属于这一类型①。日本、韩国和中国一样都属于典型的"人多地少"型国家，农业生产以农户小规模家庭经营为基础，具有明显的"小农经济"特征。从服务对象和服务内容看，其合作社模式可以称之为"小农综合服务"模式，主要为基层"小农"社员提供采购、销售、经营指导、金融信贷以及养老、教育、文化等综合性生产和生活服务。其主要特点有：第一，日韩农协以综合农协为主、专业农协为辅。例如，日本农协根据公共服务的范围不同，可以分为综合农协和专业农协。综合农协通常会基于当地社员的多元化需求，提供兼具普遍性和差异性的公共服务项目，主要有农业生产指导服务，包括生产规划、信息和技术服务；农产品销售服务；农业生产资料和生活资料购买服务；储蓄和信贷服务；互助保险服务等。由于社员需求的增加和合作社事业的发展，包括老年照顾、青年教育、医疗卫生等社区公共服务也成为农协的重要内容。日本的专业农协，主要为从事饲养、种植、水产养殖、捕捞等特定项目的农户提供专业服务，主要有购买、销售、技术指导等服务，一般不提供信贷、保险和生活福利等服务。大部分专业农协会员人数少，规模小，类似于中国的农民专业合作社。从经济实力和经营范围看，综合农协占绝对主导地位，专业农协的全年业务量往往只有综合农协的一个零头，因而在日本提到农协一般都是指综合农

---

① 欧美所称的农业合作社在日本、韩国称为"农协"（农业协同组合），文中与合作社等同使用。

协。韩国农协的综合性服务功能也十分突出，面向农户提供流通与供应、社员教育、技术指导、金融信贷等多种服务（杨丽艳，2007；洪琳，2011），甚至还会作为农户利益的代言人，参与市场谈判，致力于促进农户与政府及社会的沟通。第二，日韩农协一般以农户的小规模经营为基础，将分散的小农经济组织起来，是独立的非营利性的社团法人。农协的经营规模与欧美国家相比相对较小，服务内容涵盖生产和生活的各个领域，大多为社区性、综合性合作社，主要服务对象为"小农"。作为非营利性的社团法人，农协以"最大服务原则"为基础，向成员提供无歧视的优质高效服务。

"小农综合服务"模式与欧美国家的"大农专业服务"模式和"中农专业服务"模式相比，其主要的不同有两点：第一，合作社组织定位不同。日本和韩国农协都明确定位为"非营利社团法人"，其"非营利性"特征突出。第二，合作社功能定位不同。日韩农协在追求经济服务功能之外，同时重视社会服务功能（见表7.1）。与欧美国家合作社相比，其"综合服务"的功能突出，不仅为社员提供欧美合作社所提供的销售、运输、储藏、加工、信息、技术指导等经济生产服务，同时提供医疗卫生、社区教育、生活指导等社会生活服务。因此，"小农综合服务"模式与欧美国家的"大农专业服务"模式和"中农专业服务"模式相比，更加重视合作社公共服务的价值效率，在加强农户间的社会联系、积累农村社会资本、促进政府与农民之间的沟通等方面发挥着独特作用。

表 7.1 　　　　　　　　国外农业合作社公共服务模式比较

模式/特征	代表国家	主要服务对象	服务内容特征	组织特性	主要功能定位	服务目标取向
大农专业服务模式	美国、加拿大	大农	专业服务	合作社企业	经济/政治功能	工具效率

模式/特征	代表国家	主要服务对象	服务内容特征	组织特性	主要功能定位	服务目标取向
中农专业服务模式	德国、法国	中农	专业服务	合作社企业	经济/政治功能	工具效率
小农综合服务模式	日本、韩国	小农	综合服务	非营利社团	经济/社会功能	价值效率

7.2 国外不同类型的农业合作社公共服务效率优化策略

从以上三种模式的比较来看，欧美合作社除了农户经营规模之外，在合作社组织特性、功能定位等方面几乎没有差别，而日韩农协则与欧美合作社差异较大，究其原因，除了资源禀赋、合作社传统等方面的影响之外，政府在合作社公共服务中所扮演的角色发挥了关键性的影响。

根据政府在合作社公共服务中的角色，可以将国外合作社发展分为两种基本类型："自主发展型"和"政府推动型"。在合作社公共服务过程中，政府角色是影响合作社服务内容、服务质量和效率的一个关键变量。正是由于政府角色定位的差异带来了各国合作社发展道路的差异，也由此造成了合作社公共服务效率优化策略的不同。

7.2.1 "自主发展型"农业合作社的公共服务效率优化策略

"自主发展型"合作社是根据农民生产经营的需要，自下而上自由、自愿组织起来的，从萌芽阶段到全面发展，合作社都保持自主发展，实行独立自治。政府基本不对合作社经营服务进行直接干预，而主要通过法律、政策加以规范、扶持和监管。美国、加拿大、德国、法国等欧美发达国家的合作社普遍属于这种类型，这也是目前公认的合作社市场效率较高的发展模式。"自主发展型"合作社的公共服务效率优化策略主要体现在以下几个方面。

7.2.1.1 政府搭建制度平台保障合作社高效自主运营

在欧美市场经济发达国家，合作社都是自下而上由农民发起建立，内生于本国的市场经济土壤和合作文化，并经过长期自主发展，能较好承接政府的合作社规制建设。在国际合作社运动160余年的发展历程中，德国、法国、英国、美国、加拿大等西方发达国家的政府与合作社的关系大多经历了从合作社成立初期的"默认"到全面兴起时期的扶持，再到现阶段提供服务的过程（苑鹏，2009）。在此过程中，合作社基本都能保持独立自主运营，政府不干预合作社内部事务，主要为合作社搭建自主运营服务的制度平台，通过法律、行政、市场等手段予以扶持。政府都在农业主管部门内设有专门管理合作社的行政机构，负责合作社发展的规划、监管和服务。以美国为例，美国"有农业部农民合作社发展局"及"农业信贷署"两家政府机构负责合作社事务，前者的主要职能是为合作社及其社员提供管理咨询、市场信息、教育培训、信息公开等服务，以帮助合作社提高服务效率；后者主要负责监管农业信贷合作社的政策执行情况。

在合作社"自主发展型"国家，政府都是以合作社法律法规为核心搭建制度平台，在法律框架内运用金融信贷、财政税收、信息宣传、审计监督等多种方法为合作社公共服务创造良好的外部环境。这些国家的合作社法律、法规都有一个明显的特点，那就是经过长时间的建立和健全的过程，不断地修改完善，从1852年英国制定世界首部合作社法《勤勉与节俭社团法》至今，各国根据合作社发展实际和外部环境变化对于合作社法的修订从未停止。这既为合作社可持续高效发展提供了法律保障，也有效约束了政府行为，保证了合作社政策的延续性。

7.2.1.2　非政府组织作为协同治理"助手"助推合作社高效服务

在西方经济发达国家，非政府组织作为公民社会最活跃的领域，在有效弥补"市场失灵"和"政府失灵"、代行政府职能、参与提供公共服务、积累社会资本等方面发挥了重要作用。在合作社管理和服务领域，非政府组织作为政府协同治理的"助手"，由于其非政府性、非营利性、自治性和志愿公益性等特点，在贯彻实施政府合作社政策、助推合作社高效服务方面同样发挥了独特作用。以美国为例，目前农民合作社的服务机构以非政府组织为主。美国为农民合作社提供服务的机构由联邦级和州级构成。在联邦层面，28 个合作社服务机构中有 6 个为政府机构，其余 22 个都是非政府机构，负责合作社宏观管理；在州一级，共有 7 个合作社服务机构，其中仅州农业厅为政府机构，其余 6 个都是非政府机构，为合作社提供成立、管理、合并、金融、保险、外贸、农业技术等方面的专业服务，几乎涵盖了合作社发展所需的所有专业领域（任梅，2012）。

在政府建立的合作社服务体系中，非政府组织之所以能够担当起协同治理的重任，与其两个方面的努力有关：第一，保持非政府组织的独立性。其人事和经济都是独立的：董事会由成员民主选举产生，运转经费来自于会员会费和合作社服务收费。身份的独立性使得非政府组织能够超然于政府之外，不受干涉地为合作社提供服务。第二，政府将一些特定时期为扶持合作社发展而建立的政府机构适时转制为非政府组织。如美国农村信用系统和美国农村电话银行，都在收回政府投资后转为了非政府组织。

7.2.1.3　合作社通过合并重组或合作联合"组团"寻求最大市场回报

欧美合作社与市场经济相伴而生，建立伊始就具备联合企业的特性，具有明显的工具效率倾向。一方面，合作社通过不断重组与并购扩大规模，获得更高的效率水平。从合作社发展形态看，欧美合作社发展的过程同时也是数量逐渐减少、规模持续扩大的过程。合作社不断通过重组与并购获得规模和资源优势、提高效率水平。美国合作社从 1984 年到 2004 年的 20 年间，不断通过横向或纵向联合，数量减少了将近一半，但规模却得到普遍扩张，出现了一批超级合作社。根据 Darren H & Cary W. H（2000）对 409 家美国农业合作社所做的调查结果显示，发生在经营相同或相似产品的合作社之间的水平联合占到 66.1%，而处于不同生产阶段和经营不同产品合作社之间的垂直整合占到 20.3%；另一方面，合作社通过合作或联合的形式开展"组团"式服务。"合作社之间的合作"作为合作社的基本原则之一，在欧美国家是一种十分普遍的现象。美国合作社由于多是大农场主的联合，跨区域合作的特征十分明显；欧洲的合作社以专业合作社为主，分工较细，相互之间的合作也十分普遍。

7.2.1.4 合作社通过有效的治理保障社员利益最大化

"自主发展型"合作社为保障社员利益最大化，将合作社行为都置于法律的框架之内，使合作社的内部经营服务行为和外部市场化行为都做到有法可依，一方面依靠政府从外部对其进行审计和监督；另一方面在合作社内部建立规范的治理体系。欧美各国政府对于合作社的审计一般都很严格。如德国对于合作社的审计以严格著称，设有专门的合作社审计协会，合作社都必须加入，自觉接受审计监督，审计过程客观公正且审计结果处理谨慎。相关审计结果会得到追踪，由合作社社员（代表）大会进行审计报告和审议。在合作社内部治理体系的建设方面，欧美发达国家的合作社普遍遵循"以农民为主体""盈余按惠顾额返还""资本报酬有限""一人一票制"等合作社原则，保证社员对于合作社公共服务的知情权、监督权和决策权，以有效约束合作社及其社员的机会主义行为，保障社员利益最大化。在美国出现的新一代合作社中，即使其已具有股份制企业倾向，与经典合作社有较大差异，但其仍保留合作社的一些基本特征：投资者与服务对象的身份同一，都是农场主；不允许出现少数人控制；成员持股额与交易额按固定比例挂钩，利润按持股额返还，这样通过另一种方式实现"盈余按惠顾额返还"原则（张晓山，2005；任梅，2013）。

7.2.2 "政府主导型"农业合作社的公共服务效率优化策略

"政府主导型"合作社大多是在农民自愿的基础上，由政府主导自上而下成立的。由于是"政府主导"，政府对合作社内部事务的干预相对较多，合作社对政府处于一种资源依赖关系，较难保持独立自治。日本、韩国、中国台湾地区以及印度等大部分发展中国家的合作社都属于这种类型。在许多发展中国家，由于自身缺乏"造血"能力或者政府财政紧张等原因，合作社发展缓慢甚至面临倒退。"政府主导型"合作社成功的典范主要有日本农协和韩国农协。本文接下来以日韩农协为例，分析"政府主导型"合作社的公共服务效率优化策略。

7.2.2.1 政府主导建立合作社公共服务制度平台

与"自主发展型"合作社不同，"政府主导型"合作社往往是在特定时期由政府主导自上而下强力推动成立的，因此合作社普遍缺乏经济和文化基础，自生能力较差，更加依赖政府的大力扶持。在合作社"政府主导型"国家，合作社公共服务制度建设的一个明显特点是由政府在相对较短的时间内设计建立，合作社及农民社员参与度较低，未经合作社充分的实践探索，因此合作社存在较长时间的适应与调整过程。日韩等国的合作社制度建设也与欧美国家一样，多以合作社法律、法规为核心，采用信贷支持、保险服务、财政税收、信息技术服务、审计监督等多种经济和行政手段为合作社公共服务搭建制度平台。日韩农协公共服务的有效提供都与法律的保驾护航密不可分，农协法律体系严密、覆盖面广，且其政府制定的相关农协政策都与法律保持高度一致。从1900年开始，日本先后颁布了《产业组合法》《农业协同组合法》《农林渔业组合再建整备法》《农业基本法》和《农协合并成法》等一系列法律，从不同方面对农协的公共服务事业进行指导和支持，提高农协效率；韩国同样以《农协法》为基础，分别制定了《畜产业协同组合法》《水产业协同组合法》等系列法律，保障了农协的高效运营和服务。

7.2.2.2　合作社作为"公法社团"保障服务的高效输送

前文已提到，日韩农协与欧美合作社在法律地位上有较大区别，欧美合作社属于合作企业，日韩农协属于社团法人。特别需要指出的是，日韩农协不同于一般私法领域的企业、社团和合作社，是属于公法领域的公法社团，具有与政府机构同等的法人地位。正是这种特殊的公法社团地位，使得日韩农协可以在政府权力之外行使社会公共权力，从而将其公共性、自治性和效率性有效结合起来（杨团、孙炳耀，2012）。此外，日本和韩国的《农业协同组合法》都明确了农协"一地一会"的属地原则，限制本地建立从事同类业务的其他组织，以保证农协作为农民服务资格的垄断性。这样，日韩农协以其超然的"公法社团"地位，横跨政府、企业和社会"三界"，有效承接了政府的农村公共服务职能，成为政府"三农"政策的有力推动者和高效执行者。日本农协由此成为日本农民利益的代言人，是沟通政府和中小农户，为中小农户提供优质高效公共服务的最重要的组织载体；在韩国，众所周知的"新村运动"，也是由综合农协具体实施的。

7.2.2.3　合作社通过综合服务实现社员服务最大化

日本和韩国的《农业协同组合法》都确立了农协的"社员服务最大化"目标。此目标是在充分考虑两国"小农经济"特点基础上，通过为中小农户社员提供综合服务的方式实现的。实际上，韩国在1950年至1960年期间筹备组建农协时也有过关于到底是设立综合农协还是专业农协的激烈争论，最终选择了综合农协。韩国农协主要为社员提供农业生产资料供应和农产品销售、金融信贷、保险、教育培训与技术指导、社会福利等综合服务。其中，社会福利服务在农协业务中的比重仅次于保险，在农民的社会生活中发挥着重要作用。与韩国类似，日本农协为社员提供的公共服务项目主要有农业经营和生产指导服务、生产生活资料购买和农产品销售服务、信用服务、保险服务、社会福利服务。此外，农协还为农民社员提供农业仓库、选果场、冷藏库、农机修理厂、育苗厂、肉品加工厂、拖拉机和联合收割机等生产设施以及红白喜事设施、美容美发设施等生活设施的共同利用服务。这些公用设施由农协负责购买和管理，社员根据自己的需要使用，并根据使用情况支付一定的费用（杨团、孙炳耀、毕天云，2008）。此外，有些基层农协还自办典礼中心，承接葬礼、法事及宴会等其他社会服务。也正是因为有了多样化的社会福利服务（见图7.1），农协才能吸引所有的农户入会，仅靠经济服务功能是不可能实现的。综合服务功能使得日韩农协区别于欧美的农业合作社，不再是单纯的经济互助组织，而是社会共同体，成为农村社会治理的重要组成部分。

7.2.2.4 合作社通过内部"服务项目整合"保障价值效率的实现

在日韩农协提供的综合服务项目中，医疗保健、生活指导等社会福利服务等都是典型的非营利项目，需要大量资金投入，而农产品销售、农业生产资料购买和仓储等服务项目也时有亏损。由于农协都是自负盈亏，政府不会为其亏损埋单。对此，日韩农协通常的做法是通过营利性的项目所得支持非营利性项目，从而保证社会福利服务的持续性。

财务状况尤其是成本和收益状况是衡量合作社公共服务效率的重要指标。从日本农协公共服务的财务状况来看，信用服务和保险服务主要采用企业化的市场运作，盈利能力较强，通常是农协的主要盈利项目，而购买、销售、加工利用等其他服务项目虽然是有偿服务，但不采取市场机制，不从会员处获取利润，因此盈利较少，甚至收不抵支。总体来看，农协需要通过信用服务和保险服务的收益补助其他服务，实现总体财务平衡，略有盈余。表7.2的数据可以说明这一点。

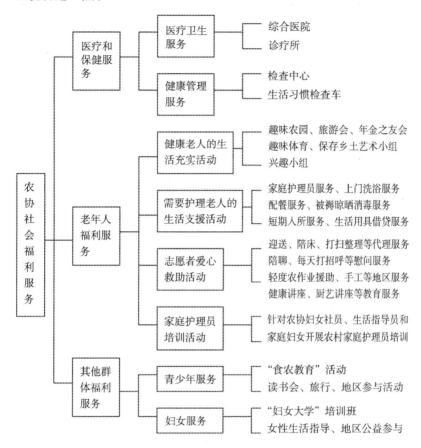

图 7.1 日本综合农协的社会福利服务

资料来源:根据吕学静(2008)的相关资料整理。

由表 7.2 可见,2005 年日本九州 25 个基层农协公共服务收益减去费用后的净收益为 628 亿日元,其中 398 亿日元来自信用服务和保险服务,占 63%。仓储服务和加工服务仅有少量盈余,而指导服务则出现了亏损。如果在净收益中减去管理支出,则盈余仅有 49 亿日元,盈余率较低。实际上,从日本全国农协总体情况看,除了信用服务和保险服务保持较强的盈利能力之外,购买、销售、仓储、加工利用和社会福利等其他服务项目都出现过不同程度的亏损,且这种亏损在不同年份经常发生。如在 1994 年,平均每个农协的盈余为 7000 万日元，盈利的只有信用服务和保险服务，其他如购买服务、销售服务等服务项目都出现亏损（坂下明彦，2000）。

表 7.2 　　　日本九州 25 个基层综合农协公共服务收支表
（2005 年度）　　　　　单位：百万日元

项目	费用	收益	收益减费用
信用服务	4241	27566	23325
保险服务	1212	17755	16543
购买服务	85047	98082	13035
销售服务	121379	125128	3749
仓储服务	153	279	126
加工服务	1306	1483	177
利用服务	2839	5911	3702
其他服务	8207	11778	3571
指导服务	1608	845	−763
合　计	225995	288831	62836

资料来源：根据杨团、孙炳耀、毕天云（2008）的相关资料整理。

由此可见，日本农协作为非营利社团法人，其基本财务运作方式是通过信用服务和保险服务的盈利来支持其他非营利的公共服务项目，实现总体收支平衡。因为有了金融部门的支持，农协得以投入大量资金为农户社员提供一系列非营利的公共服务。虽然农协的很多公共服务项目出现了亏损，在一定程度上损失了工具效率，但在维护农户权益、保障农村公共服务供给、促进农业和农村发展方面产生了巨大的社会效益，有效保障了价值效率的实现。从中我们也可以看出：在以小农户为主要农业生产者的国家，单一的农业经济不能支持小农户的生活质量稳定提高，需要用综合的思路和方式，将不同的产业，包括农村金融业和社会服务产业整合起来，才能达到目标（杨团、孙炳耀、毕天云，2008）。

7.2.2.5　合作社通过有效的内部治理避免公共服务目标的"异化"

合作社治理问题一直是合作社研究的焦点。建立有效的治理结构被认为是防止合作社本质"漂移"和公共服务目标"异化"的关键。除了完整的法律体系制约之外，日韩农协都通过建立严密的组织结构和内部治理结构保障合作社的公共服务效率。

以日本综合农协为例，随着农协的发展变迁，日本农协内部也出现了大户与小户之间在利益追求和需要满足等方面的"两极分化"现象（杨团、孙炳耀、毕天云，2008）。对此，日本农协一方面根据"相互扶助"的基本理念，在合作社运行过程中坚持入社和退社自由、民主控制、限制分红、盈余酌情处理、农协之间的合作等原则；另一方面通过严密的组织架构和治理结构来保障合作社原则的忠实执行和公共服务的高效传递。日本综合农协的组织架构自下而上分为三个层次：市、町、村基层综合农协——都、道、府、县农协中央会及联合会——全国中央会及联合会（见图7.2）。日本农协的三级组织架构与政府行政组织相对应，在落实政府农业政策方面发挥了重要作用，也保障了公共服务资源和基层农户需求的有效对接，使农协的公共服务范围覆盖了几乎所有村庄的每个农户。

除了全国性的纵向组织架构之外，作为农协支柱的每个基层综合农协都建立了规范的治理结构（见图7.3）。基层综合农协为独立非营利法人，开始时与当前的中国合作社规模类似，规模普遍较小，后为获得规模和资源优势、增强综合服务功能，进行了多次合并重组，数量不断下降，2005年合并成836个，每个基层农协的正式会员平均近万人[①]。基层农协的最高权力机构为会员大会，由正式会员表决重大事项。随着基层农协合并，会员数量庞大，

---

① 与中国的农民专业合作社相比，日本综合农协的会员规模显得极其庞大。根据农业部的统计资料，2013年，中国农民专业合作社的平均社员规模仅为54人。

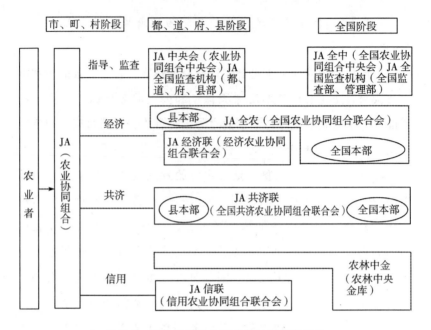

图 7.2 日本农协公共服务的三级组织架构

会员大会难以操作，逐渐以会员代表大会代之。合作社理事会和监事会成员均通过会员代表大会选举产生。理事会负责日常领导工作，每月开会一次；监事会向会员（代表）大会负责，用于监督理事会的工作。理事选举产生理事长（会长）和副理事长（副会长），聘任参事（经理）和财务管理人，专职负责农协的日常运营。基层农协下设非自负盈亏的总务、信用、保险、生产经营以及生活服务等部门。除此之外，基层农协还设有会员直接参与的生产者组织（农业生产者专业委员会①）、妇女组织（农协妇女协会）、青年组织（农协青年部）和老年人组织。稳定而规范的内部治理结构为日本农协公共服务的高效传递提供了基本保障。

---

① 此类专业委员会通常由从事稻米、蔬菜、水果、花卉等农业生产者组成，组织规模根据当地生产规模而定，不要求生产者出资，功能限于某类农产品的联合供、销和加工服务。综合农协的会员通常会同时加入几个专业委员会。

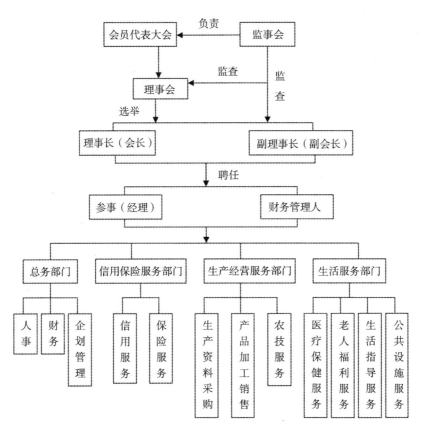

图7.3 日本基层综合农协公共服务的治理结构

7.3 国外农业合作社公共服务效率优化的启示

7.3.1 政府的适度干预是农业合作社公共服务效率优化的重要外推力

无论是"自主发展型"的欧美合作社，还是"政府主导型"的日韩农协，其发展过程中都离不开政府的"干预之手"。政府在合作社公共服务中的角色定位不是干预不干预的问题，而是在多大程度上干预、如何选择干预策略的问题。欧美国家从最初对合作社放任自由发展，到现在的通过财政扶持、监督审计、信息技术指导等各种手段进行干预，以给合作社公共服务效率提升提供坚实的制度保障。而作为"政府主导型"代表的日韩农协，其合作社更是由政府自上而下建立，政府干预程度更深，合作社的法律框架、组织架构、内部治理结构、公共服务项目乃至发展方向，都深深地烙上了政府干预的印记。可以肯定地说，政府的"适度"干预是合作社公共效率优化最重要的外部推力。只是，政府干预的"度"始终是合作社外部治理需要破解的难题。对于尚处于初级发展阶段的中国合作社而言，由于同时面临政府行政体制改革，基层公务人员的权力约束体系尚不健全、政绩冲动依然强烈，政府干预的"度"尤其需要慎重"拿捏"。

7.3.2 工具效率优先还是价值效率优先取决于各国的社情和农情

欧美合作社公共服务分别基于"大农经济"和"中农经济"基础，将合作社定位为"合作社企业"，普遍以"工具效率"优先，对外强调合作社的市场竞争力，对内通过提供专业服务使社员的经济效益最大化；而日韩农协则根据本国的"小农经济"基础，将合作社定位为"公法社团"，坚持"价值效率"优先，对外强调合作社的社会影响力，通过提供综合服务使社员的综合效用最大化，合作社由此肩负了更多的促进小农发展、促进农村社会整合的使命。因此，合作社公共服务到底是工具效率优先还是价值效率优先，主要取决于各国的社情和农情。反观中国，面对自身的特殊国情和合作社发展的又一个十字路口，如何选择合作社公共服务效率提升的目标模式，是仿效欧美，还是借鉴日韩，或是另辟蹊径，需要仔细考量。

7.3.3 法律保障农业合作社的特殊垄断地位

通过系统的法律体系保障合作社的特殊垄断地位是欧美国家和日韩的显著共同点。由于农业属于天然弱质产业，农民又是弱势群体，为了使合作社这种形式的农民"联盟"免遭反垄断诉讼，欧美国家和日韩都通过法律保障合作社取得"合法"的垄断地位，对合作社采取垄断豁免原则。在欧美国家，合作社虽然被定位为与企业相同的市场竞争地位，同属"私法人"，但合作社可以免遭反垄断诉讼。如美国于 1922 年颁布的《卡帕—沃尔斯坦德法案》，规定无论是股份制还是非股份制的合作社，都可以免受反垄断法影响。日本在很多农协的相关法律中也规定了农协可以免受反垄断诉讼的相关情形，并设立了公平交易委员会来判定农协行为是否属于垄断豁免状态。不仅如此，日韩农协还具有特殊的"公法社团"地位，这也为其公共服务的高效递送提供了坚实的法律保障。在中国，合作社仅是作为一种一般性的经济互助组织，目前仅有的一部《农民专业合作社法》也仅仅是赋予了其合法的市场主体地位，没有任何特殊地位，在市场竞争中处于劣势，虽然政府大力支持，但其支持体系很脆弱，"原子化"的合作社尚无法有效联结小农户与大市场。如何重新定位合作社地位，重建其支持体系，是目前中国合作社发展面临的迫切问题。

7.3.4　规范的治理结构防止农业合作社公共服务目标异化

欧美合作社和日韩农协的另一个共同点是都通过严格而规范的内部治理结构防止合作社公共服务目标的"异化"。欧美合作社普遍建立了类似股份制公司的治理结构，社员（代表）大会、董事会、监事会和职业经理各司其责，分工明确，并确保"盈余按交易额返还""成员民主参与和控制""入社和退社自由"等基本原则，中小农户或农场主与合作社建立起了紧密的利益联结关系。即使是北美出现的"新一代合作社"，也仍保留了投资者与服务对象身份同一、避免少数人控制以及盈余按惠顾额返还等原则，以保证合作社"服务社员"的根本宗旨。日韩农协除了严密的治理结构外，还建立了从中央到地方的完整的组织架构，通过"中央会"和"联合会"的方式构建全国性的支持体系，建立起了覆盖农村生产和生活各领域的公共服务网络，由此保障合作社"社员服务最大化"目标的实现。

　　总之，欧美合作社和日韩农协公共服务效率优化的相关经验给我们提供了很多有益的借鉴。中国合作社正面临大力推进规范化建设的关键阶段，政府连续发文推动，学术界对此也是热烈探讨。在合作社公共服务效率优化的策略选择方面，有以下几个问题值得重点思考：我们需要什么样的合作社？合作社的法律地位、服务功能和服务目标应该如何重新定位？如何处理合作社公共服务过程中小农户和核心社员的利益冲突？如何保证政府的服务资源与合作社社员的服务需求有效对接？以及，政府的"干预之手"应发挥什么样的作用？

8 中国农民专业合作社公共服务效率的优化策略

本章首先建立农民专业合作社公共服务的"双重多层"委托—代理关系模型，接下来在此基础上进行合作社公共服务效率的代理人问题归因分析，最后提出合作社公共服务效率优化的多元激励策略。

8.1 农民专业合作社在农村公共服务体系中的地位

在中国乡村行政"瘦身"改革的同时，村社组织原本较弱的"统合"功能更加弱化，农民的集体行动陷入"囚徒困境"，农村公共服务供给严重不足。中央政府将"建立健全基本公共服务体系，推进基本公共服务均等化"的战略目标写进了"十二五"规划纲要，同时多次中央会议和多个中央"一号文件"都强调大力发展合作社，强化其农业经营主体地位。在此背景下，如何加强合作社的公共服务供给功能，将合作社建设成为农村公共服务多元供给机制中的重要主体，成为近年来政府和学界关注的焦点。

从本质上看，合作社是一种基于成员民主控制而联合成立的特殊的企业"共同体"，具有扎根农村基层、熟悉农民偏好、降低交易成本等多种优势，在农村公共服务体系中占有特殊的地位：横跨政府、企业和社会三界，对内代行政府公共服务职能，向社员农户提供基础性服务和公益性服务，对外代表社员农户向市场和社会提供应用性服务和营利性服务（见图8.1），成为政府和市场难以替代的公共服务供给主体。合作社的这种特殊地位和功能已被合作社发达国家的实践所证明。

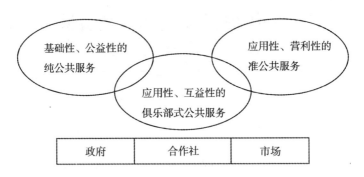

图 8.1　农村公共服务供给体系中农民专业合作社的地位

　　然而，当西方发达国家的合作社公共服务进入新的发展阶段时，中国的合作社公共服务却面临新一轮的发展困境：一方面，合作社以"火箭式"的发展速度快速增长，2012年以来全国平均每月增加近两万家；另一方面，合作社公共服务的整体效率低下，各种制约其效率优化的内部和外部"痼疾"仍未消除："空壳合作社"和"翻牌合作社"屡见不鲜，"大股独大"和"大农吃小农"的治理困局难以突破，部门利益角逐农村市场、"知假扶假"。为此，有必要从理论上澄清当前合作社公共服务乱象背后的原因，并据此探讨合作社公共服务效率优化之道。

8.2　农民专业合作社公共服务的"双重多层"委托—代理关系模型

　　新制度经济学的委托代理理论对于合作社效率问题研究具有独到见解。委托代理理论认为，经济学的核心问题是"效率"问题，而所有的效率问题都可以归结为"激励（约束）不足"问题。根据这一思路，我们下面首先建立合作社公共服务的委托—代理关系模型，并以此为基础来分析合作社的公共服务效率问题的成因及优化策略①。

委托代理理论（Principal – Agent Theory）可模型化为这样一个问题：委托人通过与代理人签订契约，使得代理人代表自己的利益行事，但很多时候委托人无法监督代理人的具体行为，只能看到由代理人行为及外在随机因素所决定的一些变量。此时作为委托人，面临着代理人的"参与约束"和"激励相容约束"，为了追求自身利益的最大化，委托人需要以观测到的不完整信息为依据来采取对待代理人的行动策略，以激励代理人采取符合委托人最大化利益的行为策略，从而在多种行为组合中，选择最大化的期望效用函数。解决代理人问题的关键是如何建立一套高效的激励—约束机制，以激励代理人行为无限靠近委托人期望，从而最大化委托人利益（贺文慧、高山，2007；张超、吴春梅，2011）。如果代理人的行为没有得到有效的激励和约束，那么代理人就有可能产生"道德风险"或"逆向选择"问题，使委托人蒙受损失。因此，厘清委托人和代理人之间的关系是解决代理人问题的基础。

随着合作社规模的扩大和异质性的增强，管理者对合作社公共服务价值的认识出现偏离，加上普通社员没有明确的角色分工且监督能力有限，导致了合作社的委托代理问题比其他组织更加广泛和尖锐（Staatz，1987）。与西方合作社公共服务中呈现出的"合作社社员—合作社经营者"的委托代理关系相比，由于中国农村特殊的农情和社情，中国合作社公共服务的委托代理关系显然更加复杂。已有研究普遍认为，中国合作社委托代理关系的焦点在于"中小社员—核心社员"之间的委托代理关系（黄胜忠、徐旭初，2008；马彦丽、孟彩英，2008；崔宝玉，2011）。其中，马彦丽和孟彩英（2008）提出的"双重委托—代理关系"比较有代表性：第一重关系存在于中小社员与核心社员之间，第二重关系存在于全

---

① 参见张超、吴春梅：《民间组织参与农村公共服务的激励——委托代理视角》，《经济与管理研究》2011 年第 7 期。

体社员与经营者之间。本文认为，考虑到政府部门在合作社公共服务中所扮演的关键角色，理应将政府主体纳入合作社公共服务的委托代理关系之中。因此，中国合作社公共服务的委托代理关系实际呈现出的是包含中小社员、核心社员、合作社经营者以及政府部门等多元主体在内的"双重多层委托—代理关系"（见图8.2）。其中，"双重"是指内部委托代理关系和外部委托代理关系；"多层"是指无论是在内部委托代理关系，还是外部委托代理关系中，均存在"中间代理人/委托人"。

　　"双重多层委托—代理关系"具有如下特征：第一，由于社员分化，"合作社社员"作为理论上的委托人在大部分合作社中不存在，与合作社经营者之间是一种"假性"委托代理关系，合作社公共服务中占主导地位的是由"中小社员—核心社员—合作社经营者"构成的显性的、紧密型的内部委托代理关系。中小社员作为初始委托人，将公共服务委托给核心社员，核心社员又转而委托给作为最终代理人的合作社经营者。核心社员既是中小社员的代理人，也是合作社经营者的委托人，居于服务中介位置。由于核心社员和合作社经营者的身份通常高度一致，信息不对称主要存在于中小社员和核心社员之间，核心社员作为中间代理人能在多大程度上传递中小社员的公共服务需求和所需要的服务资源成为合作社公共服务目标能否实现的关键。因此，对核心社员的激励和约束问题是合作社公共服务内部治理需要解决的关键问题。第二，由"合作社社员—政府部门—合作社经营者"所构成的是一种隐性的、松散型的外部委托代理关系。政府部门作为中间代理人（委托人）扮演着公共服务规划者和"守门人"的角色，一方面，根据合作社社员尤其是农民社员的公共服务需求制定相关政策，引导公共服务的方向；另一方面，又通过委托契约对合作社公共服务的过程进行扶持和监督，运用行政、法律等多种手段对各相关利益主体尤其是合作社的行为进行必要规约，防止公共服务效率的目标偏离。与欧美发达国家中合作社保持独立自治不同，虽然历经变革，中国合作社仍然与政府部门之间存在着难以割舍的单方面依赖关系，这就使得政府部门成为掌握合作社公共服务效率的"隐形之手"，在合作社外部委托—代理关系中发挥着关键作用。第三，内部和外部委托代理关系中"中间代理人"的存在，使得合作社公共服务由传统的"合作社社员—合作社经营者"之间的直接委托—代理关系演变为多层级的间接委托—代理关系，从而改变了各相关利益主体的权利和责任关系，也使得合作社公共服务在需求表达、资源传递以及相应的激励和监督方面都变得更加困难。

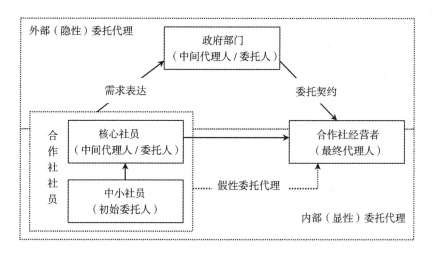

图 8.2　农民专业合作社公共服务的"双重多层"委托—代理关系模型

8.3　农民专业合作社公共服务效率的代理人问题归因

委托代理理论关于代理人问题的基本假设是委托—代理双方的信息不对称。信息不对称导致难以直接监督，如果对代理人缺乏足够的激励或约束，代理人问题就不可避免。产生代理人问题的原因都可归结为激励或约束不足。对于中国合作社公共服务效率的代理人问题①，由于存在特殊的"双重多层"委托代理关系，其代理人

---

① 这里所说的代理人问题特指合作社经营者作为最终代理人的问题。

问题归因与各主体的激励或约束不足密切相关。

8.3.1 中小社员作为初始委托人参与不足

"参与不足"主要表现为参与权力不够、参与能力不足和参与意识不强。前两者属于客观方面的原因；后者属于主观方面的原因。三者又相互联系、互为因果，共同刻画出了中小社员"参与不足"的图式。

如前文所述，"合作社社员"只是在理论上作为一个"整体"的委托人存在，与合作社经营者之间是一种"假性"委托—代理关系。因此，中国合作社内部治理结构的核心是中小社员和核心社员之间的极端非对称性的委托—代理关系。由于中小社员的参与权力不够和能力不足，中小社员和核心社员形成具有中国特色的"外围—核心"结构，大部分中小社员被边缘化，游离在合作社公共服务供给决策体制之外。中小社员参与权力不够主要表现为：对合作社的经营服务过程尤其是盈余返还、利润分配等相关规定缺乏足够的知情权；对合作社开展的公共服务项目缺乏参与建议权；对合作社公共服务决策过程缺乏民主控制权。中小社员参与能力不足则主要表现为：需求表达能力不足，沟通谈判能力不足和协商议事能力不足。中小社员的参与权力不够和能力不足使其不能通过有效的集体行动约束核心社员的行为，不能决定合作社经营服务的方向，核心社员成为合作社的实际控制者，合作社公共服务成了核心社员的自我服务。这种现象的出现极易造成合作社公共服务效率目标的偏差，给合作社公共服务效率造成极大的损失，必须尽快采取措施予以矫正。

参与意识不强是中国合作社中小社员中出现的特殊现象，但在学界较少引起关注。目前的研究大多是假设中小社员主观上积极参与，只是由于客观条件限制才导致参与不足。中小社员参与意识不强主要由两方面原因造成：一方面，由于合作社与中小社员的利益联结机制较松散，中小社员对合作社的投入资金较少、交易额较低，而目前合作社公共服务又以经济服务项目为主，与农民的日常生活关联度低，其所提供的服务对于众多的兼业小农而言可有可无，甚至被沦为"鸡肋"。因此，较低的利益卷入使得中小社员对合作社公共服务缺乏足够的参与动力。这是目前中小社员参与意识不强的主要原因。这一点在第 5 章中关于浙江省 290 户中小社员的调查已得到证实，即由于中小社员对合作社较低的利益卷入，使其在"有比没有好"的层面上去评价合作社公共服务满意度，造成"合作社公共服务的供需结构失衡，但中小社员对其满意率较高"的现象；另一方面，由于合作社负责人大部分来自本乡本土，中小社员对合作社公共服务虽然有参与动机，但由于乡土人情或碍于面子等原因不愿去管或"懒得去管"，也会导致其参与意识不强。

8.3.2 核心社员作为中间代理人自治不足

中国合作社由于中小社员和核心社员的分化，本应是全体社员自治演变成了核心社员自治，核心社员自治不足是限制合作社公共服务效率优化的重要原因之一。在中国合作社中，核心社员与经营者往往在身份和角色上具有同一性，经营者通常都是来自核心社员（马彦丽、孟彩英，2008）。因此，核心社员的自治不足相当于合作社经营者自治不足，将直接导致合作社公共服务的无序化，最终挤压合作社公共服务效率的提升空间。目前中国合作社核心社员的自治不足主要表现为：第一，由社员（代表）大会、理事会和监事会等机构组成的法人治理结构趋于"形式化"和"表面化"，内部治理结构呈"虚化"状态。加上中小社员参与不足，处于"集体沉默"，合作社极易变成"少数人控制"的组织。第二，合作社的法人治理结构变为社长的"人格化"治理，大部分合作社尚未走出"内部治理靠社长"的内部治理格局，合作社负责人的能力和政治身份成为决定众多合作社发展的重要砝码。在多数情况下，由于治理制度制约的缺乏，乡土社会中的"人情"因素不仅不能有效制约负责人的行为，反而极易成为负责人公开获取资源、控制合作社的工具。这些自治不足的情形使得合作社自治大多依靠"自律",最终必然难以压制合作社的营利性冲动,使其蜕变为营利性的"资本的联合",而无视作为"人的联合"的公共价值属性。

8.3.3 政府部门作为中间代理人制度供给不足

从合作社发展类型来看,中国合作社可归入"政府主导型"。但中国合作社与日韩农协在发起成立方面又有所不同,日韩农协由政府主导自上而下建立,而中国最早的一批合作社大多是在 20 世纪 80 年代初自发成立的,政府主导主要体现在对合作社的推动发展和依法规范两方面。由于中国合作社对政府部门存在较强的资源依赖关系,政府部门的制度供给成为合作社外部委托—代理关系中最重要的变量。目前中国政府部门对于合作社公共服务的制度供给不足主要表现为:第一,政府对于合作社公共服务缺乏系统的规制体系。中国关于合作社的仅有的一部法律是 2006 年制定的《农民专业合作社法》,相较于合作社发达国家的法律体系,中国在合作社立法方面显得比较单薄。同时,《合作社法》并没有赋予合作社特殊的法律地位,对于合作社联社、工商资本进入合作社等当前新情况也缺乏相应规定,难以与政策有效配合形成系统的规制体系。目前政府部门对于合作社的规制总体上是扶持多于监管、激励多于约束,对当前"大农吃小农"等合作社公共服务乱象尚未进行有效干预,部分地方政府更是对合作社的违规形象采取"民不举官不究"的原则。第二,中央政府对合作社公共服务缺乏顶层设计和系统规划,对合作社没有一个统一的归口管理部门。目前合作社的监管部门涉及农业、科协、供销合作社、银行等多个部门,部门利益相互冲突、难以协调。而且中央政府对于合作社的财政支持均是通过部门操作传递,势必产生高昂的代理成本和效率损失。第三,由于政府部门自身"盈利"和"政绩"冲动,对于合作社公共服务通常重视经营结果,而不重视服务过程;在部门下乡的过程中与资本利益合谋，对于合作社"知假扶假""扶大扶强"，这些行为也间接助长了合作社公共服务的乱象。第四，政府部门作为合作社外部委托代理关系中事实上的"中间代理人"，对于自身角色定位不清晰，难以有效反映农民社员利益。政府主导建立的各级示范合作社评价体系不完善，缺乏农民社员自下而上的评价，评价指标重视经济效率，忽视价值效率。

从以上代理人问题归因可以看出，合作社公共服务效率的代理人问题主要是合作社公共服务的委托代理关系中各利益相关主体的问题，既有作为初始委托人的中小社员的问题，也有作为中间代理人的核心社员和政府部门的问题；从组织系统角度看，既有来自合作社内部治理的问题，也有来自合作社外部治理的问题。为此，应根据以上归因，有针对性地制定合作社公共服务效率的优化策略。

8.4　农民专业合作社公共服务效率优化的基本原则

8.4.1　政府主导推进，合作社自主发展

在中国合作社公共服务的"双重多层"委托—代理关系中，政府部门是合作社外部治理的关键主体，政府部门对于合作社干预的"度"也因此成为影响合作社公共服务效率的关键因素。与国外"自主发展型"和"政府主导型"的合作社相比，中国合作社有着自己的特点。欧美合作社是自下而上建立，合作社自主发展；日韩农协是自上而下建立，由政府主导发展。而中国合作社大多是由农民自下而上建立，由政府自上而下推动发展。因此，中国合作社发展在总体上应遵循"政府主导推进，合作社自主发展"的原则：由政府主导建立合作社规制，做好顶层设计，依法规范推进；合作社自主决定经营服务策略，自主选择公共服务项目。值得特别指出的是，政府主导推进不是通过政策强力突进，更非罔顾各地合作社发展实际急躁冒进。目前部分地区出现的"村村办社"

"一品多社"的虚假繁荣景象正是某些地方政府急躁冒进的结果。对此，新中国成立初期的合作化运动已有深刻教训，"政府主导型"的日韩农协都经过了数十年的建设才有了今日之格局，切忌重蹈覆辙。

8.4.2 重视价值效率，推进目标整合

合作社公共服务的"价值效率"是其区别于营利性企业，并能成功吸引社员加入的根本原因。对于工具效率和价值效率到底孰轻孰重的问题，合作社理论界普遍认为应根据本地区实际情况选择，最终要达到工具效率和价值效率的均衡，有机统一于合作社公共服务之中。从理论上看，合作社公共服务的工具效率和价值效率是共生共存的关系。价值效率的存在虽然在一定程度上会降低工具效率，但也可以通过提升社员积极性，反过来促进工具效率的提升，并从整体上改善合作社公共服务的质量。因此，如何掌握二者平衡的"度"是合作社在实践中需要长期探索的一个问题。欧美合作社选择工具效率优先，日韩农协则坚持价值效率优先。中国合作社发展至今，从发展初期的"新型农民合作经济组织"归类到依法规范期的"互助性经济组织"的法律定位，实行的是"在工商部门登记注册，由农业部门主管"的管理办法，合作社一直被视为与企业类似的涉农营利性组织，在公共服务实践中一直实行的都是工具效率优先原则。如果说合作社发起初期采取工具效率优先原则是为了顺应市场环境、壮大自身经济实力的需要，但当合作社发展到目前的稳步推进阶段之时，其过于严重的工具效率导向已经造成了合作社"服务社员"的本质规定性的"漂移"，使合作社变成了少数人控制的"资本的联合"。因此，当合作社面临新一轮的规范发展之际，有必要加强对合作社公共服务价值效率的重视，实现工具效率和价值效率的均衡，推进合作社公共服务的目标整合，使合作社能真正代表农民社员的公共服务需求，回归公共价值属性，在重建小农的社会联系、沟通农户和政府、培育农村社会资本

等方面发挥更大的效用，进而使合作社改革成为中央新一轮农村改革的突破口。

8.4.3 依托农民发展，带动农业发展

合作社公共服务中农民作为初始委托人的主体地位理应得到落实。合作社虽然是涉农组织，但绝不应该被视同为农业企业，农民社员更不能被视同为企业雇员，否则农村市场只需要农业企业带动就可以了，合作社也就没有了存在的必要。许多地方盛极一时的"农业龙头企业＋农户"的农业产业化经营模式都因过度侵占农民利益而以失败告终，也说明了不重视农民的农业经营方式注定无法持续。欧美合作社是在农民发展相对充分、市场经济基础较好的情况下发展起来的，其合作社公共服务的重点是"农业发展"，即便如此，其合作社仍坚持"服务社员"的基本原则，十分重视农民社员的培训和教育。日韩农协建立在农民素质较低、农业经济条件较差的情况下，其一开始也是以发展农业为主要目标，但随着农协事业的发展，其重点逐步转向为"农民发展优先"，通过农民发展带动农业发展，这一原则一直坚持至今。农协因此成为农民发展最重要的经济社会共同体。中国的"农户家庭"历来是农业经营的基础，农民发展理应成为解决"三农"问题的重中之重。中国合作社的初级阶段特征决定了其尚不具备条件实行农民发展优先原则，但应坚持合作社"人的联合"的本质规定性，遵循"依托农民发展带动农业发展"的原则，使合作社成为农民发展和农民教育的"学校"。

8.4.4 分类发展，试点先行

关于中国到底是应该发展"专业"合作社还是应该发展"综合"合作社，学界一直有争论。从已有研究文献看，大部分学者都倾向于主张建立类似于日韩的"综合"合作社。从中国"三农"现状及发展趋势看，与专业合作社相比，综合合作社确实更有能力

承载中小农户多元化的公共服务需求。然而，发展综合合作社的时机并不成熟，目前实践中的农业合作社都是围绕某类农产品而发展起来的"专业"合作社，全国近百万家专业合作社不可能在短期内完成向"综合"合作社的转型，关于合作社唯一的一部法律《农民专业合作社法》也确认了专业合作社的法律地位，对于成立"综合"合作社尚无法律依据；同时，由于合作社公共服务的区域性特征明显，各地合作社发展基础、产业集群特点、社会文化氛围等差异较大，全国同时推进合作社改革也显然不现实。因此，目前较可行的做法是专业合作社和综合合作社分类发展，当前仍以专业合作社为主，部分条件成熟的地区先行先试，尝试成立区域性的农民综合合作社，也可以探索进行配套的合作社管理体制改革，待试点成功后再择机推广到全国其他地区。这种做法符合组织变革的基本规律，可以有效降低制度创新的成本，避免制度变迁中出现系统性和全局性的风险。

8.5 农民专业合作社公共服务效率优化的多元激励策略

根据委托代理理论，合作社公共服务效率优化的关键问题是如何设计对最终代理人（合作社经营者）的激励（约束）策略，通过有效的激励策略组合将合作社经营者的行为限制在符合委托人利益的范围之内，达到"激励相容"，最终同时实现委托人和代理人的效用最大化。由于合作社公共服务效率的代理人问题与其委托代理关系中小社员、核心社员、政府部门等各利益相关主体紧密关联，我们以此为基础设计中国合作社公共服务效率优化的多元激励策略。

8.5.1 政府主导基础上的规制激励

政府部门是合作社公共服务外部委托代理关系中的"隐性"

中间代理人，其公共权力部门的特殊身份及公共服务供给责任使其成为合作社公共服务效率优化首当其冲的第一激励主体。国外合作社公共服务的经验已表明政府的"适度"干预是合作社公共服务效率优化最重要的外部推力，合作社发达国家普遍建立起了以合作社法律法规为基础，金融信贷、财政税收、信息宣传、审计监督等多种规制方法并行的规制体系。

针对中国合作社公共服务的效率优化，政府主导基础上的规制激励主要有以下策略：

第一，中央政府做好合作社发展的顶层设计，主导建立统一的归口管理部门。目前中国合作社复杂的"多部门主导"格局极大增加了合作社公共服务的监督、管理和协调成本，农业部、中国科协、全国供销合作总社、银监会和中国人民银行等部门分别对不同类型的合作社实施归口管理，在农村基层更有农业局、科技局、供销社、信用社、工商局等众多部门介入，部门利益在合作社管理上的博弈使得合作社成为众多部门在农村市场的利益"触角"。因此，要打破目前"多部门主导"的利益格局，只有中央政府主导推动，才能最大程度减少来自既得利益者的阻力，达到预期目标。据此，可以考虑由中央政府主导，在 2013 年由农业部牵头建立的由发展改革委、财政部、水利部、税务总局、工商总局、林业局、银监会、供销合作总社等 9 个部门组成的"全国农民合作社发展部际联席会议制度"基础上组建新的大"农业部"，重点是将原属于供销合作总社、中国科协、银监会、人民银行等部门的涉农行政职能统一纳入新农业部，省级及以下的农业部门也作相应改组，由此将新农业部作为合作社的唯一主管部门，同时改变以往通过各部门分别下拨合作社财政扶持资金的做法，由新农业部作为承接涉农资源的唯一入口。

第二，通过立法赋予合作社特殊的合法垄断地位，将合作社作为服务整个"三农"的一种特别的制度安排。这是合作社发达国家的普遍做法。因此，需要尽快修改目前已有的《农民专业合作社法》，重新界定合作社的法人地位，给予合作社垄断豁免权，同时为建立合作社联合和综合合作社提供法律依据。为保障合作社作为中央农村公共服务政策执行者的特殊地位，可以考虑借鉴日韩和中国台湾地区农协的做法将合作社确定为"公法人社团"，使其超越一般社会团体，具有与政府部门同等的法律地位；通过立法给予合作社垄断豁免权和农产品营销、农业生产资料供应、农产品运输、仓储或农村信贷等某项农民服务事业在农村地区或者全国的特许经营权。从合作社发达国家的经验来看，只有通过这种特殊的制度安排才能真正激发合作社作为"农民联合组织"的制度优势，才能保证合作社"服务社员"效用的最大化。

第三，政府主导建立全国性的合作社组织架构。要改变目前合作社"块小力弱"、各自为战的状况，比较彻底的做法应该是由政府主导建立全国性的合作社组织架构。可以目前一些地区正在探索的合作社联社入手，自下而上逐步建立县级合作社联社、市级合作社联社、省级合作社联社和全国合作社联社等四级组织架构，其中县级合作社联社为基层合作社联合所有，其工作人员由基层合作社选举产生，县级以上合作社联社的成立办法依此类推。在建立合作社组织架构的同时进行依据前述"分类发展，试点先行"的原则进行综合合作社建设试点。

第四，政府主导建立的示范合作社评价体系应坚持"价值效率优先，兼顾工具效率"原则，采纳中小社员自下而上的意见。通过不断推进"服务型政府"建设，加强对自身公共权力的监督和约束，明确政府作为合作社公共服务中间代理人的角色定位，切实反映农民社员利益，尤其是在完善各级示范合作社评价体系过程中体现农民代表、中小社员代表的意见；具体到示范社的评定方式上，除了自上而下的合作社自查自评和农业主管部门核查之外，来自中小社员自下而上的满意度测评分数应占一定比例。

8.5.2 中小社员赋权基础上的"问责"激励

一般委托代理模型的基本假设是委托人具有"完全谈判能力",即委托人具有制定相应的委托代理契约(邀约)的权利。然而,在中国合作社公共服务的委托代理关系中,中小社员作为初始委托人无论是在参与权力、参与能力,还是在参与意识方面都表现出"参与不足",中小社员处于"失权"状态。因此,应通过向中小社员"赋权",还原其作为初始委托人的应有权利,并在赋权基础上建立"问责"激励机制,以对合作社公共服务的目标和过程形成有效约束。

向中小社员赋权的主要措施有:(1)依法规范合作社公共服务的原则和过程来保障中小社员权利。依法落实合作社"一人一票""盈余按回顾额返还"等根本原则,保证中小社员的投票权和被选举权,对于持股比例较高的社员,应严格遵守附加表决权不超过20%的规定;谨慎引入工商资本,对于基于合作社发展确需引入的,必须经社员(代表)大会通过,可借鉴日韩农协的经验,将工商资本代表界定为"准社员",准社员没有投票权。同时,依法设立社员账户,定期信息公开,重大事项必须由社员(代表)大会审议决定,保证合作社公共服务对于中小社员的开放性。(2)通过持续的教育和培训提高中小社员的参与能力。应将合作教育制度化作为合作社公共服务效率优化的长期的系统工程。合作教育对象不仅是中小社员,还应包括合作社经营者、政府部门工作人员以及处于国民教育体系中的在校学生。(3)通过建立紧密而稳定的利益联结机制激发中小社员的参与意识。一方面明确合作社的产权,保障中小社员对于合作剩余的索取权,强化利益联结机制;另一方面根据中小社员的需求拓展公共服务项目,重视发挥合作社公共服务对于中小社员的"社会整合"功能,吸引和争取中小社员支持合作事业。

中小社员赋权的基础上的"问责"激励机制,可以通过两种

途径建立：第一种途径是在内部委托代理关系中，中小社员对于
合作社的"直接问责"，经由内部治理机制中的社员选举权、
监督权、决策权和退出权，对核心社员和合作社经营者的违法
违规行为进行问责；第二种途径是在外部委托代理关系中，中
小社员经由政府部门对合作社进行"间接问责"。间接问责机
制中，政府作为中间代理人聘请第三方机构对合作社公共服务
状况进行监督和审计，及时处理违法违规行为，既对合作社问
责，又对中小社员负责。问责的内容既包括合作社公共服务的
结果，也包括公共服务的过程，并且逐步从"结果导向"转向
"过程导向"。

8.5.3　合作社自治基础上的"声誉"激励

合作社自治是合作社的基本原则之一，目前中国合作社自治的
基本目标是实现从核心社员自治到全体社员自治的转变。合作社的
良性自治具有以下基本特点：第一，在自治理念上，以"社员服
务最大化"为办社宗旨，坚持民办、民管、民受益原则，坚持农
民社员占主导地位，坚守"人的联合"和"民主控制"的本质规
定性。第二，完善法人治理结构。合作社发达国家的经验表明，必
须建立健全治理结构才能防止合作社公共服务目标的"异化"。健
全的法人治理结构应做到：成员（代表）大会和监事会（执行监
事）发挥应有功能，成员（代表）大会能切实履行修改章程、选
举和罢免理事长、理事、监事等应有职能，监事会（执行监事）
能切实履行对合作社经营服务的监督权；在决策机制上实行民主控
制，严格"一人一票"制度，落实《合作社法》关于"附加表决
权不超过基本表决权总票数20%"的刚性规定；在分配机制上做
到60%以上按交易额返还。

为了避免合作社自治中"社长人格化治理"和"人情治理"
等现象的出现，应根据合作社公共服务的区域性特点，充分发挥
区域社会和文化等非正式制度对于合作社的约束作用，建立对合

作社的"声誉"激励机制。在委托代理理论看来,要想克服代理人问题,委托人首先应了解代理人的偏好,然后根据代理人的效用需求,有针对性地选择激励方式。埃刚·纽伯格等学者研究指出,委托人采取何种激励—约束策略的基本依据是代理人的目标效用函数。通常情况下,代理人的目标效用函数由"收入"和"声誉"两个变量组成。对于合作社负责人而言,其组建合作社除了追求经济收益,还要追求社会声誉;尤其是当合作社负责人是村庄内部成长起来的"村庄精英"时,追求社会声誉最大化必然会在其目标效用函数中占有更重要的分量。同时,良好的社会声誉也是合作社获取合法性地位和可持续发展的基础,不仅可以获得公众认可,还可以获得更多的政府支持,尤其能给处于发展初期的合作社带来巨大的效用。因此,应针对合作社负责人建立"声誉"激励机制:一方面,建立声誉评价机制和声誉管理机制,合作社社员和政府部门将负责人的声誉度作为判断对其支持度的一个重要标准,从而将声誉评价结果和合作社的经济收益挂钩;另一方面,发挥社会声誉对于合作社负责人的内在激励效用,通过村庄舆论压制其机会主义行为,激发乡土社会中的"人情"因素的正面效应,从而使合作社负责人的个人行为嵌入到地方的社会文化网络之中。杜赞奇(1994)认为,地方政府行为是镶嵌于地方的"文化网络"之中的,合作社行为更是如此。能使社会声誉效用最大化的是由地方文化网络而形成的"地方性共识"。这种通过文化建设营造村庄舆论,从而将机会主义者边缘化的方法,正是乡土社会为解决公共服务供给的集体行动的困境而行之有效的常用方法(贺雪峰,2006)。因此,声誉激励作用的发挥有赖于地方的社会文化建设。强有力的社会文化约束可以使合作社负责人的违规行为受到村庄舆论的谴责和"鄙视",也会使其他的机会主义者和"搭便车"者望而却步。总之,在合作社"自治"基础上建立"声誉"激励机制,其基本出发点在于通过制度激励和非制度激励的结合来优化合作社公共服务的效率。

8.5.4 多主体协作基础上的长期契约激励

在合作社公共服务的委托代理关系中，无论是中小社员、核心社员、合作社经营者，还是政府部门，任何单一主体都无法实现合作社公共服务效率最大化，只有多主体之间的密切协作才能实现目标。

除了合作社内部治理主体和政府主体之外，多主体还应包括合作社外部治理中其他与合作社有业务往来或成员有交集的主体，如涉农企业、行业协会、农村草根社会组织等。合作社通过与这些外部主体的合作既可以为自身建立社会支持网络，也可以通过"组团"服务的方式为社员提供"增值"服务和"延伸"服务，提升合作社对于社员的吸引力，从而达到内部治理主体和外部治理主体的良性互动。例如，合作社可以与农村用水协会、老人协会等草根社会组织合作社，通过"横向联合"为农户提供社会福利服务、用水服务、纠纷调解服务等多样化的服务项目，农户也可以同时加入这些组织成为会员，这些即可以提升农村公共服务水平，也可以促进农村的社会整合；可以借鉴欧美国家合作社发展经验，借助当前大力培育社会组织的契机，支持农民组建"农民协会"等社会组织代行部分政府服务职能，作为协同治理的"助手"助推合作社提供高效服务。

多主体协作的基础是相互之间信任关系的建立。一方面通过明确的法律规范、公开的信息分享、制度化的沟通平台等信任制度的构建，逐步建立各方互惠合作基础上的制度信任；另一方面要在实践领域加强各主体代表之间的互动和感情交流，通过不断的实践明确各方的利益关切，从而促进相互理解基础上的人格信任（张超、吴春梅，2011）。多主体协作的目标是在多主体之间形成"合作伙伴关系"，实现合作社公共服务的网络化治理格局，使合作社行为嵌入到由多个双边契约组成的"契约之网"中。这张"契约之网"是为农户社员提供多样化公共服务项目的"服务之网"，也是可以为合作社发展提供丰富的网络资源的"激励之网"，更是通过利益制衡规范合作社行为的"约束之网"。

由多主体协作而结成的"契约之网"应都是长期契约。只有在长期的重复博弈的过程中，基于对未来收益的预期，各互动主体之间才有足够的动力保持稳定的合作关系，相关的违约风险才能降到最低。长期契约可以有效消除委托代理关系中的许多不确定因素，使委托人可以比较准确地监督代理人的工作努力程度（张超、吴春梅，2011）。在短期契约中，即使是"契约之网"也很难杜绝合作社的短期行为。因此，应将建立长期契约激励机制作为推动合作社公共服务效率优化的长效机制。将规制激励、问责激励和声誉激励都整合到长期契约之中，使相关的规制条款、问责条款和声誉评价管理条款都成为长期契约的一部分。

总体而言，本章试图在合作社公共服务委托代理关系分析基础上，提出合作社公共服务效率的优化策略。在效率优化的主体方面，希望借助多主体协作的力量结成"契约之网"激励和约束合作社行为；在效率优化的方法方面，希望通过以正式制度为主、以非正式制度为辅的方式建立起由规制激励、问责激励、声誉激励和长期契约激励等组成的多元激励策略。

9 研究结论与研究展望

本章旨在以理论和实证研究为基础对全文进行归纳总结，并针对研究局限提出将来进一步的研究方向。

9.1 研究结论

本研究力图将以往的合作社效率研究拓展至合作社公共服务效率，主张重点研究合作社的公共服务效率。全文围绕合作社公共服务效率内涵的分解和重构展开论述，以"工具—价值"效率分析为主，兼顾"内部—外部"效率，从区域合作社总体层面的工具效率、典型合作社社员层面的价值效率和典型合作社组织层面的综合效率三个视角对合作社公共服务效率进行逐层分析，借以探究合作社效率的全貌。通过前述理论研究和实证检验，本研究得出以下主要结论：

第一，针对区域合作社总体层面的工具效率的研究结果表明：

（1）可从管理服务、经营服务和示范服务等三方面构建区域合作社公共服务效率评价指标体系，具体包括通过农产品质量认证的合作社占比、组织实施农业标准化生产的合作社占比、组织销售农产品80%以上的合作社占比、拥有注册商标的合作社占比、社均经营收入、社均可分配盈余、社均统一销售农产品总值、销售额超过500万元的合作社占比、社均组织培训次数、社均带动非社员农户数、获市级以上名牌产品的合作社占比和社均联结基地面积等

12 项指标。指标体系设计遵循精简性、可操作性、易掌握性和普适性原则，所用数据来自农业部统一制定的统计报表，有效弥补了当前区域合作社发展评价体系的缺乏，可作为评估合作社示范区发展水平的重要参照标准。

（2）浙江省合作社区域公共服务效率水平总体偏低，且区域之间发展不平衡、差异较大，尚有较大提升空间。从测算结果看，浙江省 11 个市的合作社公共服务的平均效率指数为 67.65，标准差为 12.72，最大值与最小值之间相差 43.64。考虑到浙江省合作社发展水平在全国位居前列且区域发展差距相对较小，全国合作社公共服务的总体效率只会处于一个更低的水平，且区域之间的不平衡也会更突出。

（3）区域合作社的公共服务效率水平与区域经济发展水平之间无显著相关关系，这一点与理论假设不一致，体现了农民专业合作社初始发展阶段的特征。具体来看，浙江省各地区公共服务效率水平可分为Ⅰ类区域、Ⅱ类区域和Ⅲ类区域三个明显的发展区域。从区域比较结果看，浙江省合作社公共服务效率水平的"南北差异"大于"东西差异"：一方面，Ⅰ类区域和Ⅱ类区域均位于浙北地区，"北高南低"特征明显；另一方面，东西差异不明显。浙西经济发展相对落后的衢州、丽水地区与浙东经济较发达的台州、温州地区相比，合作社公共服务效率水平处于同一层次，说明区域合作社公共服务效率水平与区域经济发展水平没有直接的正相关关系。其可能的原因在于，区域合作社的公共服务效率受当地合作社发展基础、合作社内部治理、农业产业集群、区域社会文化以及政府扶持程度等多方面因素的综合影响，区域经济发展水平仅是地区因素的一环，对合作社公共服务效率无明显的直接影响。

鉴于合作社公共服务效率明显的区域性特征，有必要加强区域合作社的效率研究，尤其是不同产业类型、不同服务类型的合作社效率的区域比较研究，为当前正在推进的合作社联合社和众多学者主张建立的区域综合性合作社的发展提供必要的理论支持。

第二，针对典型合作社社员层面的价值效率的研究结果表明：

（1）虽然合作社公共服务的供需结构失衡，但合作社公共服务的价值效率较高。这一点与理论假设部分不一致。此结果反映出合作社处于初始发展阶段的典型特征：一方面，由于合作社服务项目和服务能力有限，其提供的公共服务仅能作为政府公共服务的补充，多数兼业小农总体上对合作社公共服务依赖程度较低，因而没有过多关注其供需结构失衡问题；另一方面，中国的合作社社员在合作社参与中背离了惠顾者、所有者和管理者身份同一性的经典角色要求：中小社员是实际上的惠顾者，但仅是名义上的所有者，更非管理者。多数中小社员虽然业务参与较多，但与合作社仅是松散的联结，与合作社的关系更接近市场契约关系；很多中小社员不进行资本参与，而且在管理参与上流于形式。中小社员对于合作社的有限参与和低度的利益卷入，导致其在"有比没有好"的层面上去评价合作社公共服务的总体满意度，因此倾向于作出较高评价。因此，合作社要发展壮大，应重点考虑如何提供符合大多数兼业中小社员的公共服务项目，加强与中小社员的利益联结机制。

（2）从合作社公共服务效率的影响因素看，部分实证研究结果与理论假设不一致。在合作社特性因素中，示范等级和社长声誉的影响均不显著，合作社发起人类型中仅有政府部门发起的合作社比小农发起的合作社有更高的效率。其原因可能在于中小社员对合作社公共服务进行主观评价时，并不会特别在意合作社的等级、声誉等外部因素，而更注重其提供的公共服务本身。考虑当前合作社存在一定程度的"异化"现象，即资本利益、部门利益和大农利益的"共谋"，示范合作社建设往往只能扶大扶强，这进一步加大了小农和大农的分化，强化了"大农吃小农"的治理格局，从而导致其与中小社员的利益背道而驰，难以彰显合作社提供优质公共服务的良好预期。对于政府部门发起的合作社有相对较高的评价，可能由于其更强的公益性特征和中小社员的低风险预期，也可能由于长期以来中小社员形成的对于"官办"公共服务的心理依赖，因而倾向于正面评价。

在合作社服务过程因素中，财务公开、经营管理、民主参与、培训次数、服务多元化程度等因素的影响均较显著，其中服务多样化程度和财务公开的影响最为明显。此结果和前面的理论预期基本一致。但是，政府扶持的影响不显著，这一点与理论假设不一致。其原因可能与政府扶持对中小社员的影响具有间接性、边缘性以及中小社员对政府扶持的具体状况了解不充分有关。农业政策部门往往关心的是下乡资本的利益、农业种植大户的利益、规模经营主体的利益乃至农业科研院所的利益。由于大农的"假合作社"符合政府部门的公益性目标和营利性目标，政府部门通常会选择"知假扶假"，并通过财政资金予以大力扶持。因此，政府扶持在实践中很难反映合作社对于中小社员的服务过程。由此可以认为，相对于政府扶持而言，中小社员更关心服务多样化程度、财务公开和民主参与等直接服务过程因素。

在合作社服务结果因素中，实证研究结果与理论假设相反，增强农户间信任和促进政府与农户间的沟通等社会服务功能比增加收入和提高产业规模等经济服务功能具有更高的效率。虽然未能证实之前的假设，但此结果在一定程度上暗合了温铁军、贺雪峰等学者的理论判断。也就是说，在小农普遍兼业化的情况下，通过合作社增收等经济方面的需要往往对于小农而言不那么重要，而小农的生存方式、文化伦理决定了其还有通过合作社重建村庄的公共秩序、承接自上而下的转移资源以及通过与村庄内的社员交往维系社会联系、获得生活意义的需要。由此可见，对于兼业化的小农而言，与经济服务功能相比，中小社员更关注的是合作社作为一个基层组织的社会整合功能。当然，这并不排除规模化经营的农户更为关注合作社的经济服务功能，而只能说明合作社对于小规模经营小农的经济功能受限。

第三，针对典型合作社组织层面的综合效率的研究结果表明：（1）可从经营管理、社员服务、社区服务和社会影响四方面构建个体合作社公共服务的"综合效率"评价指标体系，具体包括合作社年经营收入、合作社带动非社员农户数、合作社对当地经济社会发展的综合影响度等 13 项指标，同时纳入了"工具—价值"效率和"内部—外部"效率。

（2）浙江省合作社公共服务的总体效率水平较低，但从不同等级示范社的公共服务"子效率"的比较来看，并非示范社等级越高则效率水平越高，省级示范社和区级示范社在公共服务的"子效率"方面各有所长：省级示范社的"外部效率"较高，而区级示范社的"价值效率"较高。这表明，运营良好的区级示范社在增强社员间信任、提高社员民主意识等公共价值的递送方面显示出了自身的独特优势，可能更加符合中小社员对于公共价值和社会整合的需求，因而能获得中小社员较高的满意度评价。也同时说明目前由政府部门主导制定的示范社评价体系不能准确反映合作社的公共服务效率水平，尚有较大改善空间。

（3）从合作社公共服务效率的影响因素看，部分实证研究结果与理论假设不一致。在成员特性因素中，"成员组成"影响显著；不同发起人类型的合作社，其公共服务效率确实存在差异，但实证研究结论与理论假设相反，即与"小农发起"的合作社相比，"政府部门发起"和"村干部发起"的合作社，其公共服务效率水平要低。其可能的原因在于，由小农发起的合作社，虽然在资金和社会资源方面可能存在劣势，但其更了解社员的服务偏好和服务需求，因此在提供公共服务时更能做到高效精准传递。

在服务过程因素中，除"社员监督"之外，其他因素均无显著影响，未能证实实行"一人一票"决策方式的合作社比实行"一股一票"和"一人一票和一股一票相结合"的决策方式的合作社有更高的效率。此结果表明，与参与决策和参加培训等其他参与方式相比，社员监督对于合作社公共服务效率具有更直接的积极促进作用，也说明要保持合作社公共服务过程的开放性，落实社员监督是关键因素。

在服务环境因素中，除了"政府监督"之外，"产品认证""示范等级""社员满意"和"政府扶持"等因素均对合作社效率有显著的正向影响。"政府监督"影响不显著，其原因可能与政府部门"重扶持、轻监管"的倾向有关，在此倾向下政府监督相对缺乏，导致对合作社效率的影响未能显现。

（4）与前面的结论相印证，此处可以看到一个新的现象：合作社示范等级和政府扶持对合作社公共服务的"子效率"和"综合效率"的影响有所不同。一是从子效率看，省级示范社和区级示范社各有所长，"省级示范社的外部效率较高，而区级示范社的价值效率较高"；但从综合效率看，则是示范等级越高，则综合效率水平越高。二是政府扶持对合作社价值效率的影响不显著，但对合作社综合效率的影响显著。由于合作社示范等级越高，政府扶持力度越大，从中我们可以得出一个新的结论，即政府扶持更多地促进了合作社公共服务的外部效率和工具效率，而对其内部效率和价值效率的影响不明显。由于外部效率和工具效率主要体现的是合作社公共服务的外部影响力和由客观的统计核算产生的经济效率，而内部效率和价值效率则主要体现的是合作社服务社员的效率和由社员主观价值判断产生的社会效率。因此可以说，政府扶持对于合作社发展的推动效应主要体现在外部市场层面的经济效应，对于内部社员层面的社会效应则表现不明显。此结论对于现阶段进一步反思合作社政策、重新认识政府部门在合作社发展过程中的角色和作用具有十分重要的启发意义。

第四，针对以上三个层面的实证研究，本文可以得到如下政策启示：

（1）在合作社公共服务效率的诸多影响因素中，政府扶持无疑发挥着举足轻重的"杠杆"作用和"导向"作用。因此，政府应充分发挥在合作社正式制度供给方面的主导作用，一方面通过法律和政策手段赋予合作社在"三农"领域中更高的战略地位；另一方面扮演好公共服务规划者和"守门人"的角色，为合作社和涉农企业、社会组织等其他相关利益主体的市场竞争和合作创造良好的经济社会环境。严格规范政府对于合作社的扶持资金的使用条件，政府部门发起的合作社应起到示范作用，企业、村干部、大农等主体发起的合作社应能保障中小社员权益，对于各种违规行为应予以坚决处理。

（2）政府现阶段的合作社政策导向应是依托农民发展带动农业发展，重视价值效率、促进效率的工具目标和价值目标的整合。应做好合作社农民社员的赋权和维权工作，出台措施促进农民社员培训和教育的制度化建设，以农民发展为本，为合作社持续发展打下基础；应重视大部分兼业小农的服务需求，将相关"社员评价"指标纳入当前的示范社评价指标体系之中，重点扶持贴近中小社员服务需求、具有较强的公共价值创造能力的合作社，同时对下乡逐利的部门利益和资本利益进行必要规约。

（3）在村庄治权弱化、基层村社组织"虚置"和合作社对中小社员的经济服务功能受限的情况下，积极开展合作社联合社和区域综合性合作社的改革试点工作，并高度重视合作社在服务中小社员方面的社会整合功能。在合作社相关政策的制定和完善中，注意引导、扶持和培育合作社在为原子化的小农重构乡村公共空间、强化国家和小农之间的沟通"枢纽"等方面发挥更积极的作用。

（4）针对中国合作社特殊的"双重多层委托—代理关系"，加强合作社代理人问题的外部治理，重视对合作社公共服务过程的监管，尤其是扶持资金的使用、合作社监督和决策机制以及合作社盈余返还等环节，要求合作社保持其公共服务过程对于中小社员的开放性，保障中小社员在服务需求表达、服务供给决策、服务供给和服务监督等公共服务过程中的民主和有序参与，通过外部审计和监督促使合作社的自主治理走向良性循环。

（5）在合作社政策制定过程中关注合作社公共服务效率的区域性特征，充分考虑各地区在合作社发展基础、农业产业集群和区域社会文化环境等方面的差异及不平衡，政策推行不搞"一刀切",在中央合作社政策和区域合作社政策之间寻找政策实施的平衡点。同时,重视各地文化、习俗、习惯等非正式规范在合作社治理中的积极作用,在政府的合作社规制建设过程中注意结合当地非正式规范中积极合理的因素。

9.2 研究展望

行文至此,论文已基本结束,但只要存在合作社,关于合作社相关的理论探索及实践争论就会一直持续,尤其是关于合作社的两个关键问题必将会引起人们反复的追问:中国需不需要农民合作社?以及中国到底需要什么样的农民合作社?第一个问题是合作社存在的必要性问题,第二个问题则关乎中国合作社的发展路线。

对于第一个问题,学界和政府的回答都是肯定的,几乎没有人怀疑合作社存在的必要性,大量的数据和研究都证明了这一点。合作社发达国家的实践也表明,合作社在农民、农村和农业转型时期都发挥了重要的积极作用。法国社会学家孟德拉斯在其著作《农民的终结》一书中提到,法国的"传统小农"在"二战"后的经济转型中逐渐消失,其"终结"的途径主要有四种:第一种途径是卖掉自己的小片土地,彻底退出农业;第二种途径是通过土地入股加入农民合作社;第三种途径是通过土地集中经营,成为新型机械化农民(现代农民);第四种途径是奔向城市安家落户,彻底离开农村。此四种途径中,第二、第三种途径都与合作社有关,在第三种途径中,大部分现代农民也以资金入股的方式加入了合作社。由此可见,合作社因其独特的公共价值属性和不同于企业的运作方式在解决"三农"问题方面有着深厚的传统和积极的效用。

对于第二个问题,中国学界却出现了持续和激烈的争论。围绕中国合作社的发展思路,学界目前主要形成了两种路线主张:第一种路线是主张借鉴日韩农协经验,建立区域性的综合合作社,为社员提供信用、供销、加工、运输、仓储等一体化的公共服务项目。

这种路线倾向于站在小农立场，强调合作社应坚持以小农为主体，其改革应最大限度地考虑小农社员权益、让小农更多分享合作社发展的成果。第二种路线则主张仍然坚持现有的专业合作社发展状态，专业合作社、供销社、信用社等并行发展、各成体系。从目前政府部门的政策倾向来看，主要实行的是第二种路线主张。近几年的中央政策都是强调大力扶持专业合作社，以示范社建设促进合作社的规范化建设。当前需要警惕的是，在第二种路线中，部分学者提出了一些激进的主张，主张对农村土地制度、户籍制度、农业基本经营制度等现行农村基本制度进行彻底改革，通过"消灭小农"快速实现土地集中经营，并通过制度设计和政策安排，强力推进合作社的发展，大力扶持部门、企业和大农领办的合作社，在短时期内将合作社打造成现代农业经营主体，并借此加快培育以大农为主体的现代职业农民。值得忧虑的是，这种激进的主张已得到部分地方政府的认可，并在实践中产生了极大的负面效应。

据联合国预测，到2050年，中国农民将占总人口的24%，仍有3.4亿人，按照中国政府为保证粮食安全而设定的18亿亩良田红线估算，农民人均田地2.57亩①。因此，即使再过30年，中国农村的"人地矛盾"问题依然突出，如此庞大规模人口的公共服务供给对于政府、市场和社会而言依然是个巨大压力。合作社在其中理应承担起更重要的使命。无论合作社的发展路线是以专业合作社为主还是以综合合作社为主，都不能只是看到合作社规模、合作社经营收入等冷冰冰的经济数据，不能只是看到合作社在带动农民增收、推动当地农业产业发展等方面的工具效率；应看到以小农经济为基础的农业基本经营制度的长期性，将合作社的发展置于农村、农业、农民"三位一体"的视角中予以考虑，应从农民发展尤其是小农发展角度制定合作社政策，应更多地开发合作社农民教育培训、保持农民社会联系、提升农民民主参与意识、联结地方政

---

① 资料来源：BWCHINESE中文网，2015年2月6日。

府和农户、重构村庄公共生活，乃至改善农村社区环境等方面的社会服务功能，以最大程度地发挥合作社在面对市场和资本冲击时对于中小社员主体地位和相关权益的保障效用。

根据以上思路，农民专业合作社公共服务的相关研究还需要从以下几方面继续深化：

第一，将合作社研究放在中国新型城镇化和农村新一轮"地权改革"的宏观背景中予以考虑，从农村、农业、农民三位一体的视角探讨合作社公共服务的发展路线。

第二，运用大数据分析和田野调查相结合的方法，扩大合作社的调查范围，对全国各地的合作社公共服务进行调查研究，在调查过程中尤其要多听听中小社员的声音，在研究中多接受中小社员的意见和需求。

第三，在大范围调查基础上开展合作社的"类型学"研究，结合各地的"地方性共识"，探讨比较不同的合作社公共服务模式。

第四，开展政府、合作社、非政府组织等不同主体公共服务效率的比较研究，以在更广泛的场景中考察合作社公共服务的"相对效率"，进一步拓展本研究的结论。

总之，合作社事业是一项"甜蜜的事业"，但绝非浪漫的想象，我们既不能期望借着合作社一夜之间实现农业现代化，也不能奢望合作社能承载小农所有的组织化梦想。当前合作社公共服务相关利益主体之间的博弈张力以及小农的挣扎彷徨让我们认识到了中国合作社研究工作的紧迫性和艰巨性。我们既无法拿来欧美合作社高大上的专业模式，也不能直接复制日韩农协大而全的综合模式，我们唯有坚守脚下的土地，努力探索"各美其美，美人之美"的中国合作社本乡本土发展之道。

参考文献

1. 安宁：《中国农民合作经济组织变迁的制度经济学研究》，博士学位论文，沈阳农业大学，2006 年，第 19 页。

2. 坂下明彦：《日本农协的组织、机能及其运营》，《农业经济问题》2000 年第 9 期。

3. 程克群、孟令杰：《农民专业合作社绩效评价指标体系的构建》，《经济问题探索》2011 年第 3 期。

4. 陈锡文：《关于中国农业合作制的若干问题》，《农村合作经济经营管理》1999 年第 2 期。

5. 崔宝玉、陈强：《资本控制必然导致农民专业合作社功能弱化吗?》，《农业经济问题》2011 年第 2 期。

6. 邓瑶：《农业公共服务的三螺旋模型——政府、产业与农民合作社互动关系分析》，《农业经济》2010 年第 4 期。

7. 丁为民：《西方合作社的制度分析》，经济管理出版社 1998 年版，第 225 页。

8. 董进才：《三类专业合作社农民政治参与比较分析》，载黄祖辉等《中国农民合作经济组织发展：理论、实践与政策》，浙江大学出版社 2009 年版，第 211 页。

9. 杜赞奇：《文化、权力与国家》，江苏人民出版社 1994 年版，第 1—3 页。

10. 樊丽明、石绍宾、张靖会：《农民专业合作社供给"俱乐部产品"及其经济效应》，《财经研究》2011 年第 1 期。

11. 樊丽明、解垩：《农民专业合作社与社员的相关因素：鲁苏湘宁四省区例证》，《改革》2010 年第 12 期。

12. 范小建：《关于中国农村合作经济发展有关问题的思考》，《农村合作经济经营管理》1999 年第 2 期。

13. 冯开文：《论中国农业合作制度变迁的格局与方向》，《中国农村观察》1999 年第 3 期。

14. 冯开文：《合作社：兼顾公平与效率的经济组织——从合作理论变迁角度所作的初步分析》，《农村合作经济经营管理》2000 年第 1 期。

15. 冯雪珍：《农业产业化中的组织创新和制度创新》，《农业经济》2000 年第 12 期。

16. 傅晨：《"新一代合作社"：合作社制度创新的源泉》，《中国农村经济》2003 年第 6 期。

17. 扶玉枝：《农业合作社效率研究——基于目标函数的静态与动态分析》，博士学位论文，浙江大学，2012 年，第 106 页。

18. 高鸿业：《西方经济学（微观部分）》（第三版），中国人民大学出版社 2004 年版，第 329 页。

19. 郭红东、陈敏、韩树春：《农民专业合作社正规信贷可得性及其影响因素分析——基于浙江省农民专业合作社的调查》，《中国农村经济》2011 年第 7 期。

20. 国鲁来：《德国合作社制度的主要特点》，《中国农村经济》1995 年第 6 期。

21. 国鲁来：《合作社制度及专业协会实践的制度经济学分析》，《中国农村观察》2001 年第 4 期。

22. 国鲁来：《农业技术创新诱致的组织制度创新——农民专业协会在农业公共技术创新体系建设中的作用》，《中国农村观察》2003 年第 5 期。

23. 何精华、岳海鹰、杨瑞梅：《农村公共服务满意度及其差距的实证分析——以长江三角洲为案例》，《中国行政管理》2006

年第 5 期。

24. 贺雪峰:《退出权、合作社与集体行动的逻辑》,《甘肃社会科学》2006 年第 1 期。

25. 贺雪峰:《小农立场》,中国政法大学出版社 2013 年版,第 6 页。

26. 贺雪峰:《当前三农领域的路线之争》2014 年 4 月,爱思想网 (http://www.aisixiang.com/data/75982.html)。

27. 何艳玲:《"公共价值管理":一个新的公共行政学范式》,《政治学研究》2009 年第 6 期。

28. 洪琳:《农民专业合作社发展模式的国际比较与启示》,《生产力研究》2011 年第 2 期。

29. 胡胜德、初志红:《对农民合作经济组织运营效率的分析》,《经济论坛》2007 年第 19 期。

30. 黄胜忠、林坚、徐旭初:《农民专业合作社治理机制及其绩效实证分析》,《中国农村经济》2008 年第 3 期。

31. 黄祖辉:《农民合作:必然性,变革态势与启示》,《中国农村经济》2000 年第 8 期。

32. 黄祖辉、徐旭初、冯冠胜:《农民专业合作组织发展的影响因素分析——对浙江省农民专业合作组织发展现状的探讨》,《中国农村经济》2002 年第 3 期。

33. 黄祖辉、邵科:《合作社的本质规定性及其漂移》,《浙江大学学报》(人文社会科学版) 2009 年第 7 期。

34. 黄祖辉、扶玉枝、徐旭初:《农民专业合作社的效率及其影响因素分析》,《中国农村经济》2011 年第 7 期。

35. 黄祖辉、高钰玲:《农民专业合作社服务功能的实现程度及其影响因素》,《中国农村经济》2012 年第 7 期。

36. 黄祖辉、扶玉枝:《合作社效率评价:一个理论分析框架》,《浙江大学学报》(人文社会科学版) 2013 年第 1 期。

37. [美] 珍妮特·V. 登哈特、罗伯特·B. 登哈特:《新公共服务：服务，而不是掌舵》，丁煌译，中国人民大学出版社 2010 年版，第 44—49 页。

38. 靳利华：《国外农村公共服务中的农村基层组织研究》，博士学位论文，华中师范大学，2008 年，第 103 页。

39. 孔祥智、涂圣伟：《新农村建设中农户对公共物品的需求偏好及影响因素研究——以农田水利设施为例》，《农业经济问题》2006 年第 10 期。

40. 梁巧、黄祖辉：《关于合作社研究的理论和分析框架：一个综述》，《经济学家》2011 年第 12 期。

41. 林毅夫：《再论制度、技术与中国农业发展》，北京大学出版社 2000 年版，第 16 页。

42. 刘磁军：《俱乐部产品多元供给模式选择》，《生产力研究》2010 年第 3 期。

43. 李丹凤：《西方合作社比较分析及其对中国农村合作社发展的启示》，《法制与社会》2008 年第 11 期。

44. 刘惠、苑鹏：《合作社与股份合作制——制度的分析与比较》，辽宁大学出版社 2003 年版，第 77 页。

45. 李燕凌：《农村公共品供给效率实证研究》，《公共管理学报》2008 年第 2 期。

46. 李彦敏：《日本农协的发展经验及其发展新趋势》，2005 年 9 月，中国农经信息网（http：//www. caein. com/index. aspxAction = xReadNews&NewsID = 10639）。

47. 刘丽霞：《中国农民专业合作组织效率研究》，博士学位论文，吉林大学，2008 年，第 20 页。

48. 吕学静：《日本农协社会福利事业的建立与发展研究报告》，载杨团、葛道顺《社会政策评论》（第二辑），社会科学文献出版社 2008 年版，第 144—164 页。

49. 马彦丽、孟彩英：《中国农民专业合作社的双重委托—代理关系——兼论存在的问题及改进思路》，《农业经济问题》2008

年第 5 期。

50. 农业部农业产业化办公室：《借鉴国外合作社经验应对WTO 的挑战》，《农业经济导刊》2002 年第 4 期。

51. 农业部赴欧考察团：《欧洲三国农村合作经济状况及对我们的几点启示》，《农村合作经济经营管理》2000 年第 11 期。

52. 农业部软科学委员会考察团：《欧洲农民多种形式的合作组织》，《中国农村经济》1999 年第 4 期。

53. 潘劲：《中国农民专业合作社：数据背后的解读》，《中国农村观察》2011 年第 6 期。

54. 任梅：《中国农民专业合作社的政府规制研究》，中国经济出版社 2012 年版，第 167 页。

55. 任梅：《农民专业合作社政府规制创新研究——基于"第三方"助力政府规制的案例分析》，《新视野》2012 年第 1 期。

56. 任梅：《农民专业合作社政府规制的价值取向：偏差与矫正》，《中国行政管理》2013 年第 10 期。

57. 任梅：《农民合作社政府规制的国际经验及启示》，《财经理论研究》2014 年第 1 期。

58. ［美］萨缪尔森：《充满灵性的经济学》，胡承红译，生活·读书·新知三联书店 1991 年版，第 156 页。

59. ［美］萨瓦斯：《民营化与公私部门的伙伴关系》，周志忍译，中国人民大学出版社 2002 年版，第 89 页。

60. 邵科、徐旭初：《合作社社员参与：概念、角色与行为特征》，《经济学家》2013 年第 1 期。

61. 石绍宾：《农民专业合作社与农业科技服务提供——基于公共经济学视角的分析》，《经济体制改革》2009 年第 3 期。

62. 唐宗焜：《合作社真谛》，知识产权出版社 2012 年版，第22—23 页。

63. 仝志辉、温铁军：《资本下乡和部门下乡与小农户经济的组织化道路——兼对专业合作社道路提出质疑》，《开放时代》

2009 年第 4 期。

64. 仝志辉：《中国农民专业合作社多元发展格局的理论解释——基于间接定价理论模型和相关案例的分析》，《开放时代》2010 年第 12 期。

65. 王学军、张弘：《公共价值的研究路径与前沿问题》，《公共管理学报》2013 年第 2 期。

66. 王勇：《农民专业合作社面临新境况分析》，《中国农村观察》2012 年第 5 期。

67. 魏道南、张晓山：《中国农村新型合作组织探析》，经济管理出版社 1998 年版，第 24 页。

68. ［德］韦伯：《经济行动与社会团体》，康乐、简惠美译，广西师范大学出版社 2004 年版，第 58 页。

69. ［美］文森特·奥斯特罗姆、罗伯特·比什，埃莉诺·奥斯特罗姆：《美国地方政府》，井敏、陈幽泓译，北京大学出版社 2004 年版，第 100 页。

70. 吴春梅、石绍成：《乡村公共精神：内涵、资源基础与培育》，《前沿》2010 年第 7 期。

71. 吴春梅：《转型中的农村公共产品供给决策机制》，《求实》2010 年第 12 期。

72. 吴春梅、石绍成：《民主与效率：冲突抑或协调——基于湘西乾村村庄治理实践的实证分析》，《中国农村观察》2011 年第 3 期。

73. 吴春梅、石绍成：《民主与效率的关系：基于社会治理模式变迁的考察》，《江汉论坛》2013 年第 4 期。

74. 吴春梅、翟军亮：《公共价值管理理论中的政府职能创新与启示》，《行政论坛》2014 年第 1 期。

75. 夏英：《中国农民专业合作经济组织发展中的政府行为与相关政策法规》，载黄祖辉等《中国农民合作经济组织发展：理论、实践与政策》，浙江大学出版社 2009 年版，第 170—178 页。

76. 徐小青：《中国农村公共服务》，中国发展出版社 2002 年版，第 25 页。

77. 许欣欣：《韩国农协经验及其对中国的启示》，载杨团、葛道顺《社会政策评论》（第二辑），社会科学文献出版社 2008 年版，第 167—172 页。

78. 许欣欣：《秉持法团主义理念构建中国农协体系——以日韩农协为借鉴》，《江苏社会科学》2013 年第 6 期。

79. 徐旭初：《农民专业合作经济组织的制度分析——以浙江省为例》，博士学位论文，浙江大学，2005 年，第 18 页。

80. 徐旭初：《中国农民合作经济组织的制度经济学分析》，经济科学出版社 2005 年版，第 20 页。

81. 徐旭初：《农民专业合作社绩效评价体系及其验证》，《农业技术经济》2009 年第 4 期。

82. 徐旭初、黄祖辉、邵科：《浙江省农民专业合作组织的发展与启示——兼论地方政府在制度创新中的作用》，载黄祖辉等《中国农民合作经济组织发展：理论、实践与政策》，浙江大学出版社 2009 年版，第 67—76 页。

83. 徐旭初、吴彬：《治理机制对农民专业合作社绩效的影响——基于浙江省 526 家农民专业合作社的实证分析》，《中国农村经济》2010 年第 5 期。

84. 徐旭初：《农民专业合作社发展辨析：一个基于国内文献的讨论》，《中国农村观察》2012 年第 5 期。

85. 徐旭初等：《要走向农民合作社联盟吗——美国衣阿华州农民合作组织考察报告》，《经济管理》2013 年第 12 期。

86. 杨坚白：《合作经济学概论》，中国社会科学出版社 1992 年版，第 55 页。

87. 杨丽艳：《国外农民合作社发展模式与经验借鉴》，《现代农业科技》2007 年第 13 期。

88. 杨团、孙炳耀、毕天云：《日本农协考察报告》，载杨团、葛道顺《社会政策评论》（第二辑），社会科学文献出版社 2008 年版，第 113—142 页。

89. 杨团、孙炳耀：《公法社团：中国"三农"改革的顶层设计路径——基于韩国农协的考察》，《探索与争鸣》2012 年第 9 期。

90. ［美］英格尔斯：《人的现代化》，殷陆军译，四川人民出版社 1985 年版，第 203 页。

91. 应瑞瑶：《合作社的异化与异化的合作社——兼论中国农业合作社的地位》，《江海学刊》2002 年第 6 期。

92. 袁久和：《农民专业合作社中的委托代理关系与治理机制研究》，博士学位论文，华中农业大学，2013 年，第 17 页。

93. 苑鹏：《中国农村市场化进程中的农民合作组织研究》，《中国社会科学》2001 年第 6 期。

94. 苑鹏：《部分西方发达国家政府与合作社关系的历史演变及其对中国的启示》，《中国农村经济》2009 年第 8 期。

95. 翟军亮、吴春梅、高韧：《农村公共服务决策优化：目标系统结构、作用机理与影响效应》，《中国农村观察》2014 年第 1 期。

96. 张超、吴春梅：《民间组织参与农村公共服务的激励——委托代理视角》，《经济与管理研究》2011 年第 7 期。

97. 张超：《区域合作社提供公共服务的效率评价体系及其验证》，《财贸研究》2014 年第 4 期。

98. 张超、吴春梅：《合作社提供公共服务：一个公共经济学的解释》，《华中农业大学学报》（社会科学版）2014 年第 4 期。

99. 张超、吴春梅：《合作社公共服务满意度实证研究——基于 290 户中小社员调查证据》，《经济学家》2015 年第 3 期。

100. 张靖会：《农民专业合作社效率评价体系：基于供给视角的研究》，《中央财经大学学报》，2012 年第 2 期。

101. 张靖会：《农民专业合作社效率研究——基于俱乐部理论视角的分析》，博士学位论文，山东大学，2012 年，第 30 页。

102. 张康之：《基于契约的社会治理及其超越》，《江苏社会科学》2006 年第 3 期。

103. 张梅：《中国农村专业合作经济组织的效率研究》，博士学位论文，东北农业大学，2008 年，第 4—6 页。

104. 张晓山、苑鹏：《合作经济理论与实践》，中国城市出版社 1991 年版，第 34 页。

105. 张晓山等：《联接农户与市场：中国农民中介组织探究》，中国社会科学出版社 2002 年版，第 28 页。

106. 张晓山：《促进以农产品生产专业户为主体的合作社的发展——以浙江省农民专业合作社的发展为例》，《中国农村经济》2004 年第 11 期。

107. 张晓山：《有关中国农民专业合作组织发展的几个问题》，《农村经济》2005 年第 1 期。

108. 张晓山：《农民专业合作社规范化发展及其路径》，《湖南农业大学学报》2013 年第 4 期。

109. 张雪莲、冯开文、段振文：《农村合作社的激励机制探析——基于北京市 10 区县 77 个合作社的调查》，《经济纵横》2011 年第 2 期。

110. 赵凌云：《农民专业合作社不规范运作问题探析》，《新视野》2010 年第 5 期。

111. 赵泉民：《个人主义：乡村社会组织化思想资源和价值支撑——基于西方路径与经验反思的视角》，《财贸研究》2008 年第 2 期。

112. 郑杭生、汪雁：《农户经济理论再议》，《学海》2005 年第 3 期。

113. "中国农村合作组织经济行为研究"课题组：《中国农村合作组织经济行为的制约因素分析》，《农业经济问题》1997 年第 8 期。

114. Alchian A and Demsetz H. Production, "Information Cost,

and Economic Organization", *American Economic Review*, Vol. 62, No. 6, 1972.

115. Areas N and Ruiz S, "Marketing and Performance of Fruit and Vegetable Cooperatives", *Journal of Cooperative Studies*, Vol. 36, No. 1, 2003.

116. Ariyaratne CB, Featherstone AM, Langemeier MR, et al. , "An Analysis of Efficiency of Midwestern Agricultural Cooperatives", *Submitted for Consideration as A WAEA Selected Paper*, Vol. 4, No. 20, 1997.

117. Bateman DI, Edwards JR, and Levay C, "Agricultural Co-operatives and the Theory of the Firm", *Oxford Agrarian Studies*, No. 8, 1979.

118. Benington J, "Creating the Public in Order to Create Public Value?", *International Journal of Public Administration*, Vol. 32, No. 34, 2009.

119. Boyle GE, "The Economic Efficiency of Irish Dairy Marketing Cooperatives", *Agribusiness*, Vol. 20, No. 2, 2004.

120. Buchanan JM, "An Economic Theory of Clubs", *Economics*, Vol. 125, No. 32, 1965.

121. Caves RE and Petersen BC, "Cooperatives, Shares in Farm Industries: Organizational and Policy Factors", *Agribusiness*, Vol. 2, No. 1, 1986.

122. Chaddad FR and Cook ML, "An Ownership Rights Typology of Cooperative Models", *Working Paper of Department of Agricultural Economics*, AEWP, 2002.

123. Chris LB, Peter G, David EH, William JT, "Key Success Factors for Emerging Agricultural Marketing Cooperatives", *Journal of Cooperation*, No. 16, 2001.

124. Coase RH, "The Problem of Social Cost", *Journal of Law*

and Economics, No. 3, 1960.

125. Condon AM, "The Methodology and Requirements of a Theory of Cooperative Enterprise", In Jeffrey SR, ed. , *Cooperative Theory: New Approaches*, Agricultural Cooperative Service Report, Washington DC: USDA, 1987, p. 18.

126. Cook ML, "The Future of U. S. Agriculture Cooperatives: a Neo – Institutional Approach", *American Journal of Agricultural Economics*, Vol. 77, No. 11, 1995.

127. Cook ML, Chaddad FR, Iliopoulos C, "Advances in Cooperative Theory since 1990: a Review of Agricultural Economics Literature", In Hendrikse GWJ, eds. *Restructuring Agricultural Cooperatives*, Amsterdam, 2004, pp. 65—90.

128. Darren H and Cary WH, "Mergers, Acquisitions, Joint Ventures and Strategic Alliances in Agricultural Cooperatives", *Research Report of Department of Agricultural Economics*, September, 2009.

129. Emelianoff IV, *Economic Theory of Cooperation: Economic Structure of Cooperative Organizations*, Michigan: Edwards Brothers, Inc. 1942, Reprinted by the Center for Cooperatives, University of California, 1995.

130. Enke S, "Consumer Cooperatives and Economic Efficiency", *American Economic Review*, Vol. 35, No. 1, 1945.

131. Fama EF, Jensen MC, "Separation of Ownership and Control", *Journal of Law and Economics*, No. 26, 1983.

132. Fulton M J, "The Distributional Impact of Non – uniform Pricing Schemes for Cooperatives", *Journal of Cooperatives*, No. 10, 1995.

133. Fulton M J, "The Future of Canadian Agricultural Cooperatives: a Property Rights Approach", *American Journal of Agricultural Economics*, No. 77, 1995.

134. Galdeano GE, Cespedes L J, Rodriguez RM, "Productivity

and Environmental Performance in Marketing Cooperatives: an Analysis of the Spanish Horticultural Sector", *Journal of Agricultural Economics*, Vol. 57, No. 3, 2006.

135. Galdeano GE, "Productivity Effects of Environmental Performance: Evidence from TFP Analysis on Marketing Cooperatives", *Applied Economics*, Vol. 40, No. 14, 2008.

136. Hardin G, "The Tragedy of the Commons", *Science*, Vol. 162, No. 13, 1968.

137. Hart O, "Corporate Governance: Some Theory and Implications", *the Economic Journal*, Vol. 105, No. 2, 1995.

138. Hart O and Moore J, "The Governance of Exchanges: Members Cooperatives versus Outside Ownership", *Oxford Review of Economic Policy*, Vol. 12, No. 4, 1996.

139. Helmberger PG and Hoos S, "Cooperative Enterprise and Organization Theory", *Journal of Farm Economics*, Vol. 44, No. 3 1962.

140. Helmberger PG, "Future Roles for Agricultural Cooperatives", *Journal of Farm Economics*, Vol. 48, No. 4, 1966.

141. Hendrikse GWJ and Bijman J, "Ownership Structure in Agrifood Chains: the Marketing Cooperative", *American Journal of Agricultural Economics*, No. 3, 2002.

142. Henehan BA and Anderson BL, "Evaluating the Performance of Agricultural Cooperative Boards of Directors", Kansas City: a Paper Presented at The NCR 194 Committee meeting, 1999, pp. 12—55.

143. Karantinin K and Zago A, "Cooperatives and Membership Commitment: Endogenous Membership in Mixed Duopsonies", *American Journal of Agricultural Economics*, Vol. 83, No. 5, 2001.

144. Kelly G, Muers S, Mulgan G, *Creating Public Value: An Analytical Framework for Public Service Reform*, London: Cabinet Office, UK Government, 2002.

145. Krasachat W and Chimkul K, "Performance Measurement of Agricultural Cooperatives in Thailand: An Accounting – based Data Envelopment Analysis", In Lee JD and Heshmati A, eds. , *Productivity, Efficiency, and Economic Growth in the Asia – Pacific Region*, Springer – Verlag Berlin Heidelberg, 2009, pp. 255—265.

146. Levay C, "Agricultural Cooperative Theory: A Review", *Journal of Agricultural Economics*, Vol. 34, No. 1, 1983.

147. Macleod C, "The Role of Exit Costs in the Theory of Cooperatives Teams: a Theory Respective", *Journal of Comparative Economics*, No. 17, 1993.

148. Moore MH, *Creating Public Value: Strategic Management in Government*, Cambridge: Harvard University Press, 1995, p. 56.

149. Nilsson J, "Organizational Principles for Cooperative Firms Scandinavian", *Journal of Management*, No. 17, 2001.

150. Nourse EG, *the Place of the Cooperative in Our National Economy: American Cooperation* 1942—1945, Washington D. C. : American Institute of Cooperation, 1995, pp. 33—39.

151. Ollila P, "Farmers'Cooperatives as Market Coordinating Institutions", *Annals of Public and Cooperative Economics*, Vol. 65, No. 11, 1984.

152. Ollila P and Nilsson J, "The Position of Agricultural Cooperatives in the Changing Food Industry of Europe", In Nilsson J and Van DG, Eds. , *Strategies and Structures in the Agro – food Industries*, Van Gorcum: Assen, 1997, pp. 131—150.

153. Peter V and Marius VD, "A Self – interest Analysis of Justice and Tax Compliance: How Distributive Justice Moderates the Effect of Outcome Favorability", *Journal of Economic Psychology*, Vol. 28, No. 6, 2007.

154. Phillips R, "Economic Nature of the Cooperative Associa-

tion", *Journal of Farm Economics*, No. 35, 1953.

155. Royer JS and Bhuyan S, "Forward Integration by Farmer Cooperatives: Comparative Incentives and Impacts", *Journal of Cooperatives*, No. 10, 1995.

156. Royer JS, "Cooperative Organizational Strategies: a Neo – institutional Digest", *Journal of Cooperatives*, No. 14, 1999.

157. Samuelson PA, "The Pure Theory of Public Expenditure", *the Review of Economics and Statistics*, Vol. 36, No. 4, 1954.

158. Sexton RJ, "The Formation of Cooperatives: A Game – Theoretic Approach with Implications for Cooperative Finance, Decision Making and Stability", *American Journal of Agricultural Economics*, Vol. 68, No. 2, 1986.

159. Sexton RJ, "Cooperatives and Forces Shaping Agricultural Marketing", *American Journal of Agricultural Economics*, Vol. 68, No. 5, 1986.

160. Sexton RJ and Iskow J, "What Do We Know About the Economic Efficiency of Cooperatives: An Evaluative Survey", *Journal of Agricultural Cooperation*, No. 8, 1993.

161. Sexton RJ and Iskow J, "The Competitive Role of Cooperatives in Market – oriented Economies: A Policy Analysis", In Csaki C and Kislev Y, Eds., *Agricultural Cooperatives in Transition*, Boulder Colo: Westview Press, 1993, pp. 55—83.

162. Sexton RJ, "A Perspective on Helmberg and Hoos Theory of Cooperatives", *Journal of Cooperation*, No. 10, 1995.

163. Shaffer JD, "Thinking About Farmers Cooperatives, Contracts, and Economic Coordination", In Toyer JS, ed., *Cooperative Theory: New Approaches*, Washington D. C. : Agricultural Cooperative Service, U. S. Department of Agriculture, 1987, pp. 33—86.

164. Singh S, Fleming E, Coelli T, "Efficiency and Productivity

Analysis of Cooperative Dairy Plants in Haryana and Punjab States of India ", *Working Paper Series in Agricultural and Resource Economics*, 2000.

165. Staatz JM, "The Cooperative as a Coalition: a Game – Theoretic Approaches ", *American Journal of Agricultural Economics*, No. 65, 1983.

166. Staatz JM, "Cooperatives: a Theoretical Perspective on The Behavior of Farmers ", *Ph D dissertation*, Michigan State University, 1984.

167. Staatz JM, "Farmer Cooperative Theory: Recent Developments", *USDA Agricultural Cooperative Service*, ACS Research Report Number 84, Washington D. C. , 1989.

168. Stoker G, "Public Value Management: a New Narrative for Networked Governance?", *The American Review of Public Administration*, Vol. 36, No. 1, 2006.

169. Svend A and Christian S, "On the Relative Advantage of Cooperative", *Economics Letters*, Vol. 59, No. 3, 1998.

170. Vitaliano P, "Cooperative Enterprise: an Alternative Conceptual Basis for Analyzing a Complex Institution", *American Journal of Agricultural Economics*, No. 65, 1983.

171. Williamson OE, *The Economic Institutions of Capitalism*, New York, NY: The Free Press, 1985, p. 155.

172. Zvi Lerman, "Policies and Institutions for Commercialization of Subsistence Farms in Transition countries", *Journal of Asian Economics*, Vol. 15, No. 3, 2004.

附录1 农民专业合作社公共服务
调查问卷(社员)

合作社名称＿＿＿＿＿＿＿＿＿＿＿＿＿＿

合作社所在（县）市＿＿＿＿＿＿＿＿＿

一 个人基本情况

A1. 您的性别：1. 男　　2. 女

A2. 您的年龄：＿＿＿＿＿岁

A3. 您的文化程度：　1. 小学及以下　2. 初中　3. 高中（中专）　4. 大专及以上

A4. 您是否是合作社的股东：1. 是　　2. 否

A5. 您为什么会加入合作社？

1. 可以增加收入　　　　2. 可以享受合作社的服务

3. 相信合作社发起人　　4. 其他

A6. 您怎么看待合作社的性质？

1. 是一个企业　　　　　2. 是一个农民自治组织

3. 是一个政府组织　　　4. 是一个公益组织

二 合作社基本情况

B1. 您上一年度的总收入为＿＿＿＿万元，其中来自于合作社的收入为＿＿＿＿万元。

B2. 您所在的合作社是否有章程？　1. 有　2. 没有　3. 不

清楚

B3. 您所在合作社的决策方式为：

1. 一人一票　　　　　　　　　　2. 一股一票

3. 一人一票与一股一票相结合　　4. 其他

　B4. 您所在的合作社接受政府的扶持情况：

1. 很多　　　　　　2. 较多　　　　　　3. 一般

4. 较少　　　　　　5. 很少　　　　　　6. 不清楚

B5. 您所在的合作社接受政府的监督情况：

1. 很多　　　　　　2. 较多　　　　　　3. 一般

4. 较少　　　　　　5. 很少　　　　　　6. 不清楚

B6. 您所在的合作社是否实行入社自愿和退社自由？　1. 是

2. 否

B7. 您所在的合作社牵头人的能力情况：

1. 很强　　　　　　2. 较强　　　　　　3. 一般

4. 较差　　　　　　5. 很差

B8. 您所在的合作社接受社员的监督情况：

1. 很多　　　　　　2. 较多　　　　　　3. 一般

4. 较少　　　　　　5. 很少

B9. 您所在的合作社是否实行财务公开？　1. 是　　2. 否

B10. 您所在的合作社是否建立了会员账户？　1. 是　　2. 否

B11. 您所在的合作社的盈余返还方式是：

1. 按交易量（额）返还　　　　2. 按股分红

3. 没有返还　　　　　　　　　4. 不清楚

B12. 您在合作社中是否经常表达您的意见或建议？

1. 经常　　　　　　2. 偶尔　　　　　　3. 几乎没有

三　合作社提供服务情况

C1. 您所在的合作社是否经常开展服务活动？

1. 很多　　2. 较多　　3. 一般　　4. 较少　　5. 很少

C2. 合作社为您提供的服务项目有（多选）：

1. 农业技术培训　　　　　　2. 信息服务

3. 良种引进和推广服务　　　4. 农产品销售服务

5. 农产品加工服务　　　　　6. 农产品运输及储藏服务

7. 农业生产资料购买服务　　8. 农业生产保险

9. 产中技术服务　　　　　　10. 没有享受到以上服务

C3. 在以上服务项目中，您最需要的服务是（填写序号）：

第一_____，第二_____，第三_____。

C4. 您对合作社提供服务的总体满意度为：

1. 非常满意　　　　2. 很满意　　　　3. 一般

4. 很不满意　　　　5. 非常不满意

C5. 在提供同样的服务项目的情况下，您更愿意选择下列哪一类主体提供的服务？

1. 政府部门　　　　2. 合作社　　　　3. 农业企业

4. 村委会　　　　　5. 社会公益组织　　6. 其他组织

C6. 上一年度您参加合作社技术、经营等培训（含网络培训）的次数为____次。

C7. 您对合作社经营管理情况的满意度为：

1. 非常满意　　　　2. 很满意　　　　3. 一般

4. 很不满意　　　　5. 非常不满意

C8. 您觉得加入合作社以后民主意识的提高程度为：

1. 很大程度提高　　2. 有所提高　　　3. 基本无变化

4. 有所下降　　　　5. 很大程度下降

C9. 参加合作社以后与村民社员间的信任合作关系提高程度为：

1. 很大程度提高　　2. 有所提高　　　3. 基本无变化

4. 有所下降　　　　5. 很大程度下降

C10. 您认为合作社在提高当地相关产业规模方面的作用：

1. 很明显　　　　　2. 较明显　　　　3. 一般

4. 不太明显　　　　　　5. 不明显

C11. 您认为合作社在推动当地农业科技应用方面的作用：

1. 很明显　　　　　　2. 较明显　　　　　3. 一般

4. 不太明显　　　　　　5. 不明显

C12. 您认为合作社在带动当地农民就业方面的作用：

1. 很明显　　　　　　2. 较明显　　　　　3. 一般

4. 不太明显　　　　　　5. 不明显

C13. 您认为合作社在促进当地农村精神文明建设方面的作用：

1. 很明显　　　　　　2. 较明显　　　　　3. 一般

4. 不太明显　　　　　　5. 不明显

C14. 您认为合作社成立后在促进政府与农民沟通方面的作用：

1. 很明显　　　　　　2. 较明显　　　　　3. 一般

4. 不太明显　　　　　　5. 不明显

C15. 您对进一步发展合作社有哪些意见或建议？

_____

_____

_____

附录2　农民专业合作社公共服务调查问卷（负责人）

合作社名称_____

合作社所在（县）市_____

一　个人基本情况

A1. 您的性别：1. 男　　2. 女

A2. 您的年龄：____岁

A3. 您的文化程度：　1. 小学及以下　2. 初中　3. 高中（中专）　4. 大专及以上

A4. 您在合作社中担任的职务是：　1. 理事长　2. 理事
3. 监事　4. 经理　5. 中层管理人员

二　合作社基本情况

B1. 合作社已经成立了____年。

B2. 合作社共有社员_____个，其中单位社员_____个、农民社员_____个、股东_____个。

B3. 合作社理事有____个，监事有____个。

B4. 合作社的资产总额为：

1. 20 万元以下　　　　2. 20 万—50 万元（含前不含后，下同）

3. 50 万—100 万元　　4. 100 万—300 万元

5. 300 万—500 万元　　6. 500 万以上

B5. 合作社第一大股东的出资额占合作社出资总额的比例
是____%。

B6. 合作社的年经营总收入为：

 1. 100 万元以下　　　　　　2. 100 万—200 万元

 3. 200 万—400 万元　　　　4. 400 万—600 万元

 5. 600 万—800 万元　　　　6. 800 万元以上

B7. 合作社的年净利润为：

1. 5 万元以下　　　　　　　2. 5 万—10 万元

3. 10 万—30 万元　　　　　4. 30 万—60 万元

5. 60 万—100 万元　　　　　6. 100 万元以上

B8. 来自社员交易的收入占合作社年经营收入的比例
为_____%。

B9. 合作社的发起人是：

1. 农业企业　　　　2. 政府部门（涉农部门、供销社等）

3. 村干部　　　　4. 农业大户　　　　5. 普通农民

B10. 合作社的类型是：　1. 专业合作社　2. 股份合作社

3. 专业协会

B11. 合作社是否有经营实体？　1. 有　　2. 没有

B12. 合作社是否有章程？　1. 有　　2. 没有

B13. 合作社的资金来源有（多选）：

1. 股份资金　　　　　2. 入会费　　　　　3. 借入资金

4. 政府项目投资　　　5. 其他机构投资

B14. 合作社的决策方式为：

1. 一人一票　　　　　　　　2. 一股一票

3. 一人一票与一股一票相结合　　4. 其他

B15. 合作社为社员提供的服务项目有（多选）：

1. 农业技术培训　　　　　2. 信息服务

3. 良种引进和推广服务　　　4. 农产品销售服务

5. 农产品加工服务　　　　　6. 农产品运输及储藏服务

7. 农业生产资料购买服务　　　8. 农业生产保险

9. 产中技术服务

B16. 上一年度合作社对社员进行技术、经营等培训（含网络培训）的次数为＿＿次。

B17. 上一年度与合作社发生业务往来的当地非社员农户总数为＿＿户。

B18. 上一年度合作社为本地非社员农户销售与社员同类主产品的总金额为＿＿万元。

B19. 合作社产品获得了哪些认证？（多选）

1. 无任何认证　　　　　　2. 获得无公害认证

3. 获得绿色产品认证　　　4. 获得有机认证

B20. 合作社获得了哪些荣誉？（多选，在空格方框中打√）

荣誉 ＼ 等级	1 区（县）级	2 市级	3 省级	4 国家级
1 示范合作社				
2 驰名（著名）商标				
3 知名商号				
4 守信用重合同或消费者信得过单位				
5 名牌产品				

B21. 合作社负责人（法定代表人）的政治身份是：

1. 无　2. 区（县）人大代表（政协委员、党代表）　　3. 市人大代表（政协委员、党代表）　4. 省人大代表（政协委员、党代表）　5. 全国人大代表（政协委员、党代表）

B22. 合作社接受政府支持情况：

1. 很多　　2. 较多　　3. 一般　　4. 较少　　5. 很少

B23. 合作社接受政府监督情况：

1. 很多　　2. 较多　　3. 一般　　4. 较少　　5. 很少